文史哲學集成

朱義雲著

魏晉風氣與六朝文學

文史哲出版社印行

魏晉風氣與六朝文學 / 朱義雲著. -- 初版. --
臺北市：文史哲, 民 97.09 印刷
頁　公分.（文史哲學集成；49）
參考書目：頁
ISBN 978-957-547-256-6 (平裝)
1. 哲學-中國-三國魏-晉朝(220-420) 2.文學-中國-三國魏-晉朝(220-420)
112.3

文史哲學集成 49

魏晉風氣與六朝文學

著　者：朱　義　雲
出版者：文　史　哲　出　版　社
http://www.lapen.com.tw
e-mail：lapen@ms74.hinet.net
登記證字號：行政院新聞局版臺業字五三三七號
發行人：彭　正　雄
發行所：文　史　哲　出　版　社
印刷者：文　史　哲　出　版　社
臺北市羅斯福路一段七十二巷四號
郵政劃撥帳號：一六一八〇一七五
電話886-2-23511028・傳真886-2-23965656

實價新臺幣二〇〇元

中華民國六十九年（1980）八月初版
中華民國九十七年（2008）九月 BOD 初版一刷

ISBN 978-957-547-256-6

魏晉風氣與六朝文學

目次

魏晉風氣與六朝文學

朱義雲

一、引言

每當人們談論魏晉兩代的任何問題時，就會很自然的聯想到當時士大夫們玄學清談的風氣上去。當然，這種風氣的形成，決非偶然，而是有其遠、近因素的。就它的遠因來說，又包涵著兩漢學術思想上的演變與反動；以及東漢在政治上外戚宦官的百年長期爭權。至於它的近因，除了黃巾、董卓的叛亂和暴虐，與關東諸侯互相吞併的殘酷事實外，就是曹操父子先後所頒獎崇跅弛之士以及追慕漢文無爲政治的三令四詔。由於以上的這些因素，纔啟導了當時大部份心靈空虛、生命毫無保障的人們（包括士大夫），投入逃避現實的老莊思想的懷抱！進而醞釀了首次出現於人類歷史上、以清談老莊（稍後加上佛學）玄理爲主的魏晉名士；又由於這些所謂「名士」的毀方敗常、不守禮法、「惟在顯其逸氣而無所成」（近於俗語出鋒頭）的行爲中，更加導致當時絕大多數的人們（包括士大夫），違背傳統的倫理道德，與夫東漢遺留下來的優美風俗。這一股歪風，誰都知道，是導源基於空虛，遠離現實人生的佛、老思想。關於這一點，黃岡熊十力在他的著作明心篇裏批評得最恰當，他說：

「佛家雖說諸佛與衆生同體。但其因緣法是幻化，真如是寂滅。由此衡之、畢竟毀絕生命。（參考體用論）道家說精神、卽是生命。（精神、省稱神）但其所謂神、乃自太虛而生。故其學以返歸虛無為宗。本源旣失、（虛無、不可謂為實體、故失。）向下都謬。（失其本矣、便無往不謬。）道家的世界觀，祇任自然的運化推遷。無有自我作主。更無聖人裁成天地、輔相萬物之大道。（聖人謂孔子。）道家雖不毀生、（生者、生命。）其生命托於虛無。（老子、道家之祖也。其所謂道、卽是實體之名。而彼以道、為虛、神、質、三者混然為一。故名為混成。道雖由三者混成、究以太虛為神質之本、神與質皆由太虛而生故。「可詳玩原儒下卷原內聖篇。」老子言修養、以致虛極、守靜篤為主、卽是以生命托於虛無也。）余謂二氏對於生命之體會，都不符合於生命正常之德。（德者、得也。……二氏道與佛。）道家厭世、佛家出世、此兩家之人生意義、所以反乎生命的正常也。」

他指出佛家的因緣法是幻化，眞如是寂滅，畢竟毀絕生命，所以是出世的；道家之祖的老子修養，以致虛極，守靜篤爲主，卽是以生命寄托於虛無，所以是厭世的；而魏晉的所謂名士，却以出世的、厭世的佛道思想，作爲他們清談，甚至處世做人的依據；這樣，纔迅速的直接釀成當時士大夫們遠離實際人生，從事於無爲虛誕的追求，以及缺乏明禮義、知廉恥的道德觀念與責任感；而且間接更構成了兩晉與劉宋皇室的骨肉相屠，家亡國破，甚至民族生機也幾乎被異族的入侵所斬絕。這些可悲的事實，都是由於老、佛思想，在魏晉兩朝取代了儒家領導社會力量的必然結果。

至於文學：當然包括了無韻的散文，以及有韻的駢文與詩、歌、辭、賦，而且都具有修己（指以儒家的五倫八德來修飾自己）、善群，啓導優良風氣的作用。如果要想達到這一標的，除了要靠士大夫們的體會和運用外，尤其要以唐代大詩人白居易致元稹書中所說的：『文章合爲時而著，詩歌合爲事而作』（見長慶集）的兩句話，作爲治理文學的原則；否則那所謂文學的價値，也就有限得很了。關於這一點，我們祇要把魏、晉、宋、齊、梁、陳這六個朝代文學演變的軌跡，加以探討，就不難發現上面所說的話，是有其原因的。何況一個時代，必然會有一個時代的學術思想；無論在政治，在士大夫們的行爲或文學方面，都會受到它極爲深刻的影響！就以魏晉時代的老佛思想來說，它既在士大夫們當中，創造了不守禮法，行爲放任，生活靡爛的所謂『名士』典型，而使之蔚爲清談的風氣；又導致文學走上忽視內容，偏重詞藻，華美浮豔，不切實用的道路；並且一直延續到隋朝，前後換了六個朝代，達三、四百年之久，難道還不可怕嗎？

雖然一個朝代的興衰，因素是多方面的；但時代的學術思想是否經過愼擇，國家、民族的最高當局是否領導有方，却具有決定性，而文學又是反映思想言行的工具，所謂『見微知著』，決不是欺人之談。因此，我把六朝特別是魏晉士大夫們的特有風氣，分別寫在各朝代的文學特徵裏，並概述有關的世族問題，宗敎發展，民生狀況等，藉以印證在時代學術思想影響下的六朝文學，以及政治演變的因果關係！這便是我寫作這篇文章的動機。

由於手頭蒐集的資料有限，不免掛一漏萬，再加上筆觸的笨拙，自己也覺得不成熟！希望先進鴻達，不吝錫敎，這是我內心所迫切祈望的了。

二、魏晉玄學清談形成的遠因

任何一件事情的形成，決不是偶然的。諺語所謂：「冰凍三尺，非一日之寒。」這是一點不錯的啊。那麼，魏晉的玄學清談，又是怎樣產生的呢？關於這一點，就必需上溯到兩漢，而且要從學術和政治兩方面去探討，纔能明白一個大概。現在我們先看看兩漢的學術；自漢武帝表彰六經，罷黜百家而定一尊，表面上是完全尊重孔子和儒家學說了！然而實際如何呢？近人錢穆在他的國學概論兩漢經生、經今古文之爭篇裏說：

「漢武之表彰六經，罷黜百家，亦僅僅為今文書與古文書之爭耳，至謂儒說勝而黃老中商廢則誤。蓋一時之學術，有其一時之風氣與其特性；彼其時言黃老如淮南，言儒如江都，習申商如長沙，何莫勿有陰陽家之色彩者？是誠西漢之特徵，則治國學者所不可不曉也。」

可見當時的所謂儒家學說，已經被陰陽五行的邪說所滲透！祗是頂著孔子的軀殼，內容却完全變質了。漢書元帝本紀裏說：

「八歲立為太子，壯大，仁柔好儒，見宣帝多用文法吏，以刑名繩下！……嘗侍燕從容言：陛下持刑太深！宜用儒生。宣帝作色曰：漢家自有制度，本以霸、王道雜之，奈何純任德教用周政乎？且俗儒不達時宜，好是古非今，使人眩於名實，不知所守，何足委任。迺歎曰：亂我家法者，太子也。」

從宣帝這段話裏，可知西漢朝廷本來就不是眞用儒術的。何況當時教授詩、書、易、禮、春秋等五經的官立博士，全是用陰陽五行災異來解釋經義！等於是陰陽家的支店，無復儒家的面目了。所以清儒皮錫瑞說：

「漢有一種天人之學，而齊學尤盛。伏傳五行，齊詩五際，公羊春秋多言災異，皆齊學也。易有象數占驗，禮有明堂陰陽，不盡齊學，而皆有略同。」（經學歷史）

皮氏所謂齊學，除了指陰陽、五德終始學說的創立者戰國時齊人騶衍以外，兼指西漢初年齊人的傳經者，其學大抵混合陰陽術數，而以災異說經。如傳尙書的伏勝，創齊詩的轅固生，著公羊春秋的公羊子，都是齊人，所以稱爲齊學。到了哀平之世，尤其是東漢的光武時代，又加上了讖緯符命！更違離了儒家的本旨。近人李漢三在他的先秦兩漢之陰陽五行學說第四篇，陰陽五行對於兩漢經學的影響總結中說：

「兩漢經學，無論今文學派，古文學派，……乃至孝經論孟，亦無一不受陰陽五行說的影響。……。敍述詩說時，曾略及緯書，敍述春秋時，曾略及讖書。本書第三編於始終五德與兩漢政治目下，且述及王莽、光武的受命之符；此於東漢當作內學的七緯，用以決經的讖書，陰陽五行的色彩，尤為濃厚。」

經學到了這一地步，那就更不像話了。而且兩漢經師傳經的章句，一經多到百餘萬言！研究經學的人，至皓首不能通一經。漢書儒林傳贊說：

「自武帝立五經博士，開弟子員，設科射策，勸以官祿，迄於元始（平帝年號），百有餘年，傳業者寖盛，支葉蕃滋，一經說至百餘萬言，大師衆至千餘人，蓋祿利之路然也。」

又桓譚在他的新論裏也說：

「秦近君能說堯典，篇目兩字之說，至十餘萬言，說『曰若稽古』三萬言。」

漢書劉歆傳也說：

「往昔綴學之士，不思廢絕之闕，苟因陋就寡，分文析字，煩言碎辭，學者罷老且不能究其一藝。」

上面這幾段話，充分說明了研究經學的弊病，因而哀平之世以至東漢初期頭腦清明的知識份子，既討厭以天人感應釋經的無聊，更怨苦章句之學的煩碎！於是東漢的王充首先揭櫫反抗的旗幟，在他的著作論衡裏，對當時的經學，作有力的攻擊，計有下列四點：一是反對天人相應，陰陽災變之說，論衡的寒溫、譴告、變動、招致（闕）、明雩、順鼓、亂龍、遭虎、商蟲、講瑞、指瑞、是應、治期、自然、感類等篇，都是討論這事的。二是反對聖人先知與神同類之說，同書的實知、知實、定賢等篇，都是討論這事的。三是反對尊古卑今之論，同書的齊世、宣漢、恢國、驗符、須頌、佚文等篇，都是討論這事的。四是反對專經章句之學，同書的程材、量知、謝短、效力、別通、超奇、狀留等篇，都是討論這事的。尤其是他轉移了三百年的學術思想，開後世新局面的，就是他那退孔孟而進黃老，輕聞見而重心知的理論！影響當時以及後世如王符、仲長統、崔實、劉劭、應劭、蔡邕、王朗、孔融、王粲、曹植、阮籍等人的學術思想很大。循至「典午」清談，視亡國若無事，未始非王氏之論所助成。（見錢穆著國學概論晚漢之新思潮）我以爲王充的思想，簡直是兩漢經學的反動，也是推向魏晉玄學清談的主要動力。

清儒皮錫瑞却持相反的看法，他在經學歷史的經學極盛時代篇中說：

「後漢取士，必經明行修，蓋非專重其文，而必深考其行。前漢匡、張、孔、馬，皆以經師居相位，而無所匡救。光武有鑒於此，故擧逸民，賓處士，褒崇節義，尊經必尊其能實行經義之人。後漢三公，如袁安、楊震、李固、陳蕃諸人，守正不阿；視前漢匡、張、孔、馬，大有薰蕕之別。……范蔚宗論之，以為所談者仁義，所傳者聖法也。故人識君臣父子之綱，家知違邪歸正之路。自桓靈之間，君道秕僻，朝綱日陵，國隙屢啓。自中智以下靡不審其崩離，而強權之臣，息其窺盜之謀，豪俊之夫，屈於鄙生之議者，人誦先王之言也，下畏順逆之勢也。……跡其衰敝之所由致，而能多歷年所者，斯豈非學之效乎？」

從這段話看來，東漢經師居位者的品德，高出西漢的人太多了，所以風俗淳美，決不是偶然的。

到了東漢的桓靈時代，由於士人厭惡經學的章句，四方的學者，會萃於洛陽，於是逐漸地展開了遊談的風氣。後漢書郭泰傳說：

「林宗博通墳籍，善談論，美音制，乃游於洛陽，始見河南尹李膺，膺大奇之，遂相友善，於是名震京師。」

這可能是開了魏晉清談的先河！而且一次大量摧毀文物典章的事件，就發生在距此不久的獻帝初平元年，董卓挾持天子，退出洛陽西遷長安的縱兵焚掠之際！後漢書儒林傳序說：

「及董卓移都之際，吏民擾亂，自辟雍、東觀、蘭臺、石室、宣明、鴻都諸藏，典冊文章，競共剖散。其縑帛圖書，大則連為帷蓋，小則制為縢囊。及王允所收而西者，裁七十餘乘，道路艱遠，復棄其半矣。後長安之亂，一時焚蕩，莫不盡泯焉。」

可以想像得到，兩漢宮庭的積藏，如司馬遷所稱的「金匱石室之書」，劉向父子所校的「中秘書」，可能就此全部燬滅！這種文物的嚴重損失，我想決不會下於秦始皇的焚書，以及項羽丘墟阿皇宮的三月大火了。

又魚豢在魏略儒宗傳序裏說：

「從初平之元，至建安之末，天下分崩，人懷苟且，綱紀旣衰，儒學尤甚。……正始中，有詔議圜丘，普延學士，是時郎官及司徒，領吏二萬餘人，雖復分布，在京師者尚有萬人；而應書與議者，略無幾人。又是時朝堂公卿以下四百餘人，其能操筆者，未有十人，多皆相從飽食而退。嗟乎！學業沈隕，乃至於此。」（全三國文）

自初平到正始，前後僅五十一年，而在朝的公卿官吏以及太學生不下萬餘人，能參與議祭圜丘古禮，提筆寫文誥的，已不過二十人。足見儒學衰微，已達極點！典章秘籍，旣燬於初平；文學凋零，復見於正始，難道不是助成玄學清談的因素之一嗎？

現在再來看看東漢的政治：原來從和帝算起，以後的君主都是童年卽位，因而母后訓政，爲了鞏固權力，就不得不任用父兄（外戚）；等到幼君長大，很想收回政權，便只有和宦官商議；因此形成了外戚宦官互相爭權的局面，一直到東漢被滅亡，都沒有改變。清儒趙翼在他的廿二史劄記上說：

「和帝踐阼幼弱，竇憲（當時的大將軍）兄弟專權，隔限內外，群臣無由得接；乃獨與宦者（宮廷中常侍鉤盾令）鄭衆，定謀收憲！宦官有權自此始！然（鄭）衆小心奉公，未嘗攬權。和帝崩，鄭后臨朝，不得不用奄寺，其權漸重。鄭后崩，安帝親政，宦官李閏、江京、樊豐、劉安、陳達與帝乳母王聖，聖女伯榮，帝舅耿寶，皇后兄閻顯等，比黨亂政！此猶宦官與朝臣相倚為奸，未能蠛朝臣而獨肆其惡也，及（安）帝崩，閻顯等專朝爭權，乃與江京合謀，誅徙樊豐、王聖等；是顯欲去宦官，已反藉宦官之力。已而北鄉侯入繼，尋薨，顯又欲援立外藩，宦官孫程等不平，迎立順帝，先殺江京、劉安、陳達、幷誅顯兄弟，閻后亦被遷於離宮。是大臣欲誅宦官，必藉宦官之力；宦官欲誅大臣，則不藉朝臣之力矣。」

看了這段記述，可見竇憲在東漢外戚中，實在是亂政專權的罪魁禍首。而閻顯兄弟卻明知故犯，重蹈覆轍！並且勾結宦官，黨比爲姦，形成了宦官干政的惡例。他又繼續寫道：

「順帝既立，以梁商女為皇后，商以大將軍輔政，尊親莫二！而宦官張逵、蘧政、石光，譖商與中常侍曹騰、孟賁，云欲廢帝，帝不信，逵等即矯詔收縛騰、賁，是竟敢違帝旨而肆威於禁近矣。賴帝聞之大怒，逵等遂伏誅。及帝崩，梁后與兄冀立冲帝，冲帝崩，又立質帝，質帝為梁冀所酖！又援立桓帝，並以后妹為桓帝后；冀身為大將軍輔政，兩妹一為皇太后，一為皇后，其權已震主矣。而（桓）帝默與宦官單超、左悺、具瑗、徐璜、唐衡定謀，遂誅冀。是宦官且誅當國之皇親矣！然此猶曰奉帝命以成事也。」

梁冀實在是惡集禍盈，咎由自取！然而換來的，是宦官單超等的干政虐民；可以說是以暴易暴的了。他又寫道：

「桓帝梁后崩，以竇武女為皇后。帝崩，武與后定策立靈帝，竇后臨朝，武入居禁中輔政，素惡宦官，欲誅之。兼有太傅陳蕃，與之同心定謀，乃反為宦官曹節、王甫等所殺。然此猶曰靈帝非太后親子，故節等得挾帝以從事也。至靈帝崩，何后臨朝，立子辨為帝，后兄何進以大將軍輔政，已奏誅宦官蹇碩，收其所領八校尉兵，是朝權兵權，俱在進手；以此盡誅宦官，亦復何難？乃又為宦官張讓、段珪等所殺。是時軍士大變，袁紹、袁術、閔貢等，因乘亂誅宦官二千餘人，無少長皆殺之！於是宦官之局始結，而國亦隨之亡矣。」（廿二史劄記東漢宦官）

竇武、何進都不是幹國之才，却擔起輔政的重任，而且他們選立的君主，又是昏庸暴虐的靈帝和無知的皇子辨，又怎能不敗家亡身呢？至於宦官，可說絕大部份都是害民之賊！所以趙翼又在同書的「宦官之害民」篇裏加以描繪：

「東漢及唐明三代，宦官之禍最烈！然亦有不同。唐明閹寺，先害國而及於民；東漢，則先害民而及於國。……侯覽前後奪人宅三百八十一所，田一百一十八頃，起立第宅十六區，皆有高樓池苑，制度宏深，僭類宮省；預作壽冢，石槨雙闕，高廣百尺，破人居室，發掘墳墓，虜奪良人妻，略婦女，為張儉所奏，覽遮截其章不得上。（覽傳）張讓說靈帝修宮室，發太原、河東、狄道諸郡材木文石，每州郡送至京師，輒訶譴不中用；以賤價折之，十不酬一，又不卽收，材木遂至腐爛，州郡復增私調，百姓嗟怨。（讓傳）……審忠疏言，宦官勢盛，州郡牧守，承順風旨，辟召選舉，釋賢取愚。（曹節傳）朱穆疏言，宦官子弟親戚，並荷榮任；凶狡無行之徒，媚以求官，恃勢怙寵之輩，漁食百姓，窮破天下，空竭小民。（穆傳）」

皇帝製造宦官，已經違背了人道！加上寵信放縱宦官，致使州郡牧守，承順風旨，可見宦官是如何的勢焰薰天，眞是專制流毒的副產物了。他又寫道：

「如單超弟安為河東太守，弟子匡為濟陰太守；徐璜弟盛為河內太守；左悺弟敏為陳留太守；具瑗兄恭為沛相，皆所在蠹害！璜兄子宣為下邳令，暴虐尤甚！求故汝南太守李嵩女不得，則劫取以歸，戲射殺之（單超等傳）侯覽兄參為益州刺史，吏民有豐富者，輒誣以大逆！皆誅滅之，而沒入其財以億計。（覽傳）」（廿二史劄記宦官之害民）

東漢宦官殘害人民的事實，趙翼祗是節錄一部份，眞可說是流毒遍天下了！因此激怒了當時在朝的正直大臣，地方的官吏以及知名之士，與宦官及其子弟賓客，形成了尖銳的對立或報復；最後釀成歷史上有名的黨錮事件：

「河南張成善風角，推占當赦，教子殺人。司隸李膺督促收捕，既而逢宥獲免；膺愈懷憤疾，竟按殺之。成素以方伎交通宦官，帝亦頗信其占；宦官教成弟子牢脩上書，告膺等養太學游士，交結諸郡生徒，更相驅馳，共為部黨，誹訕朝廷，疑亂風俗。於是天子震怒，班下郡國，逮捕黨人，布告天下，使同忿疾。案經三府，太尉陳蕃却之曰：今所按者，皆海內人譽，憂國忠公之臣，此等猶將十世宥也；豈有罪名不章而致收掠者乎！不肯平署。帝愈怒，遂下膺等於黃門北寺獄；其辭所連及，太僕潁川杜密，御史中丞陳翔及陳寔、范滂之徒二百餘人。或逃遁不獲，皆懸金購募，使者四出相望。」（資治通鑑卷五十五，漢紀四十七，桓帝延熹九年）

由於宦官既害百姓，又教唆牢脩上書，構成黨錮之獄，羅織名賢，幾乎一網打盡。加上靈帝即位，陳蕃、竇武謀誅宦官事泄，反遭毒手！因而株連李膺、杜密、范滂等百餘人，都被考掠，死於獄中，妻子皆徙邊；天下豪傑及儒學有行義的，宦官全指爲黨人；有怨隙的，就加以陷害！其死、徙、廢、禁的，又達六七百人。於是天下騷動！知識份子對於宦官的倒行逆施，無不感到憎惡！終於造成了分崩離析的局勢，而且百姓更被宦官及其子弟搾取財物，濫加誅滅！恐怖氣氛籠罩了整個社會，人心也就普遍的感覺不安了；因此下層社會中的野心份子如張角輩，利用人民的怨恨，終於爆發了黃巾之亂。

然而黃巾的叛亂，表面上不到三年就剷平了，但其餘黨到獻帝的初平中，仍很猖獗！曹操曾追到濟北，受賊降而得兵三十萬；他如龔都、劉辟輩，延到建安五年，曹操破袁紹的大軍於官渡時，還在汝南一帶活動；流竄既久，爲害人民的殘酷，是可以想見的；可是東漢的統治，並沒有結束。宋司馬光在資治通鑑卷六十八，漢紀六十的末段批評道：

「自三代既亡，風化之美，未有若東漢之盛者也。及孝和以降，貴戚擅權，嬖倖用事；賞罰無章，賄賂公行，賢愚渾殽，是非顚倒，可謂亂矣。然猶緜緜不至於亡者，上則有公卿大夫袁安、楊震、李固、杜喬、陳蕃、李膺之徒，面引廷爭，用公義以扶其危，下則有布衣之士符融、郭泰、范滂、許劭之流，立私論以救其敗。是以政治雖濁，而風俗不衰，至有觸冒斧鉞，僵仆於前，而忠義奮發，繼起於後，隨踵就戮，視死如歸。夫豈特數子之賢哉？亦光武、明、章之遺化也。當是之時，苟有明君作而振之，則漢氏之祚猶未可量也。不幸承陵夷頹敝之餘，重以桓、靈之昏虐，保養姦回，過於骨肉；戮滅忠良，甚於寇讎！積多士之憤，蓄四海之怒。於是何進召戎，董卓乘釁，袁紹之徒從而構難，遂使乘輿播越，宗廟丘墟，王室蕩覆，烝民塗炭，大命隕絕，不可復救。」

他的批評，眞是公允之至！如果東漢沒有桓、靈這兩位昏虐的君主，漢室的滅亡，是不會這麼快的。後來大將軍何進，謀誅宦官，召四方的諸侯，引兵入京；雖然宦官徹底消滅了，但何進也同歸於盡！却換了個比土匪還要凶惡的董卓。資治通鑑獻帝初平元年二月的記載道：

「卓遣軍至陽城，值民會於社下，悉就斬之，駕其車重，載其婦女，以頭繫車轅，歌呼還雒，云攻賊大獲；卓焚燒其頭，以婦女與甲兵為婢妾。丁亥，車駕西遷，董卓收（雒陽）諸富室，以罪惡誅之！沒入其財物，死者不可勝計；悉驅徙其餘民數百萬口於長安，步騎驅蹙，更相蹈藉，饑餓寇掠，積屍盈路！卓自留屯畢圭苑中，悉燒宮廟、官府、居家，二百里內，室屋蕩盡，無復雞犬。又使呂布發諸帝陵及公卿以下冢墓，收其珍寶。卓獲山東兵，以豬膏塗布十餘匹，用纏其身，然後燒之，先從足起。」（資治通鑑卷五十九，漢紀五十一）

這段殘酷事件的描寫，眞是使人不忍卒讀！可見東漢的中央政權解體以後，在董卓暴戾淫威的蹂躪下，再加上關東群雄互相呑併的連年戰禍，不僅維持社會秩序的儒家思想，已經支離破碎，失去了領導力量，就是人們的生命，也有朝不保夕的感覺！可說是一個名符其實的悲慘世界。

以上便是形成魏晉玄學清談的遠因。

三、魏晉風氣與文學的特徵

要談魏晉風氣與其文學，就不能不從東漢的季世建安時期開始；因爲這一時期實際上的發號施令者，是丞相魏王曹操，獻帝祇是個傀儡罷了！換言之，建安政權，也就是曹魏的政權。

曹操字孟德，沛國譙人（今安徽亳縣附近）他不僅是傑出的軍事家和政治家，同時也是建安時期，領袖群倫的文壇盟主，關於他的身世和性格，資治通鑑有如下的記載：

「操父嵩，為中常侍曹騰養子，不能審其生出本末，或云夏侯氏子也。操少機警，有權數，而任俠放蕩，不治行業，世人未之奇也，唯太尉橋玄及南陽何顒異焉。玄謂操曰：「天下将亂，非命世之才，不能濟也。能安之者，其在君乎？」顒見操，歎曰：「漢家将亡，安天下者，必此人也。」玄謂操曰：「君未有名，可交許子将。」子将者，訓之從子劭也，好人倫多所賞識，與從兄靖俱有高名，好共覈論鄉黨人物，每月輒更其品題，故汝南俗有月旦評焉。嘗為郡功曹，府中聞之，莫不改操飾行。曹操往造劭而問之曰：「我何如人

？」劭鄙其為人，不答。操乃刼之，劭曰：「子，治世之能臣，亂世之奸雄。」操大喜而去。」（資治通鑑卷五十八，漢紀五十）

曹操的興起，資治通鑑靈帝中平元年的記載是這樣的：

「皇甫嵩、朱儁合將四萬餘人，共討潁川黃巾，嵩、儁各統一軍，儁與賊波才戰，敗；嵩進保長社。……波才圍皇甫嵩於長社，嵩兵少，軍中皆恐，賊依草結營，會大風，嵩約敕軍士皆束苣乘城，使銳士間出圍外，縱火大呼，城上舉燎應之，嵩從城中鼓譟而出奔擊賊陳，賊驚，亂走。會騎都尉沛國曹操將兵適至，五月，嵩、操與朱儁合軍，更與賊戰，大破之，斬首數萬級，封嵩都鄉侯。」（資治通鑑五十八，漢紀五十）

這是曹操在史册上出現的第一次，自此以後，他參加了大將軍何進的謀誅宦官，以及獻帝初平元年關東州郡起兵的討伐董卓，可是都沒有成就。到了初平三年，由於濟北相鮑信與兗州州吏萬潛等前往東郡，迎接他做兗州刺史，這是他的部將陳宮，說服兗州治中、別駕的成果。同年的十二月，他追逐黃巾到濟北，黃巾都向他投降，得到降兵三十多萬，男女百多萬口，吸收了其中的精銳，號稱青州兵。這時的曹操，纔有了根據地和自己的武力。至於他迎接漢獻帝遷都於許，那是建安元年的事，從此總算如了他那「挾天子以令諸侯」的心願；建安九年至十二年，首先掃除了勍敵—割據冀、幷、幽、青四州的袁紹以及他的兒子譚、尚、熙；建安十三年，操率軍南下荆州，恰好劉表病死，嗣子劉琮不戰而降！可說這是曹操一生中最爲志得意滿的時期。過此以往，就是孫權、劉備實行聯合抵抗的赤壁之戰！從而奠定了三分鼎足的形勢。不久，他就發布了三道徹底破壞品德，導致士大夫風氣日趨墮落的建安三令！第一道令是建安十五年下的，令文說：

「孟公綽為趙魏老則優，不可以為滕薛大夫。若必廉士而後可用，則齊桓其何以霸世；今天下得無有披褐懷玉，而釣於渭濱者乎？又得無盜嫂受金而未遇無知者乎？二三子其佐我明揚仄陋，唯才是舉，吾得而用之。」（魏武帝集）

他又在建安十九年十二月 下了第二道命令：

「夫有行之士，未必能進取，進取之士，未必能有行也。陳平豈篤行，蘇秦豈守信邪？而陳平定漢，蘇秦定弱燕；由是言之，士之有偏短，寧可廢乎？有司明思此義，則士無遺滯，官無廢業矣。」（魏武帝集）

建安二十二年，他又下令道：

「昔伊摯傅說，出於賤人；管仲，桓公賊也；皆用之以興。蕭何曹參，縣吏也；韓信陳平，負汚辱之名，有見笑之恥，卒能成就王業，聲著千載。吳起貪將，殺妻自信，散金求官，母死不歸；然在魏，秦人不敢東向；在楚，三晉不敢南謀。今天下得無有至德之人，放在民間，及果敢不顧，臨敵力戰；若文俗之吏，高才異質，或堪為將、守，負汚辱之名，

見笑之恥，或不仁不孝，而有治國用兵之術者，其各舉所知，勿有所遺。」（魏武帝集）

我認爲他下這三道命令的動機，不外乎是他篡竊了東漢朝廷的政柄以後，做了很多違背良心、不合道義的事。例如曹操的弒伏后及其所生的二位皇子，又殺了伏完兄弟宗族一百多人。其次，是由於曹操殺了董承，所以又把董承嫁給獻帝做貴人的女兒也殺了！雖是董貴人懷了身孕，獻帝累次請求，也不能免死。其他如太中大夫孔融，以名重天下而爲曹操所忌，終被殺害並及妻子。又如荀彧、崔琰，都是曹操的部屬，且相從於細微之中；荀彧徒以不肯附和操的進爵魏公；崔琰祗因與楊訓書中有「省表草佳耳，時乎！時乎！會當有變」的語句，就先後被逼飲藥，賜死。（事見資治通鑑卷六十六，漢紀五十八及卷六十七，漢紀五十九）他的內心，自然不免會感到慚愧，爲了想轉移和掩飾一般人的良知觀感，以他的想法來造成一股風氣，替自己分謗、解嘲，於是硬擡出「重人才」的招牌，來公開毀棄品德，藉以淆亂天下人的耳目，同時實現他構成罪惡集團的理想！關於這一點，明末的顧炎武批評得最恰當，他說：

「三代以下，風俗之美，無尚於東京（指後漢）者！……而孟德既有冀州，崇奬跅弛之士，觀其下令再三，至於求負汚辱之名，見笑之行，不仁不孝，而有治國用兵之術者，於是權詐迭進，姦逆萌生。故董昭太和之疏，已謂當今年少，不復以學問為本，專更以交遊為業。國士不以清修為首，乃以趨勢求利為先。至正始之際，而一二浮誕之徒，騁其智識，蔑周孔之書，習老莊之教，風俗又為之一變。夫以經術之治，節義之防，光武、明、章數世為之而不足，毀方敗常之俗，孟德一人變之而有餘。」（日知錄兩漢風俗）

果然，社會上的風氣，每下愈況！尤其是士大夫們，根本蔑棄倫理，毀敗信義，鄙視氣節，爾詐我虞，簡直不知道廉恥爲何物了。

曹操的長子名丕，字子桓，是個風流種子，也是建安文壇的領袖之一。當與其弟植爭奪魏太子時，却用盡了一切手段，甚至矯情自飾！因此獲得父親的寵愛，纔奠定了他那鞏固的儲君地位。資治通鑑的記載是這樣的：

「植性機警，多藝能，才藻敏贍，操愛之。操欲以女妻丁儀，丕以儀目眇，諫止之。儀由是怨丕，與弟黃門侍郎廙及丞相主簿楊脩，數稱臨菑侯植之才，勸操立以為嗣。脩，彪之子也。操以函密訪於外，尚書崔琰露版答曰：『春秋之義，立子以長。加五官將仁孝聰明，宜承正統，琰以死守之。』植，琰之兄女婿也。尚書僕射毛玠曰：『近者袁紹以嫡庶不分，覆宗滅國。廢立大事，非所宜聞。』東曹掾邢顒曰：『以庶代宗，先世之戒也，願殿下深察之。』丕使人問太中大夫賈詡以自固之術。詡曰：『願將軍恢崇德度，躬素士之業，朝夕孜孜，不違子道，如此而已。』丕從之，深自砥礪。他日，操屏人問詡，詡嘿然不對。操曰：『與卿言而不答，何也？』詡曰：『屬有所思，故不即對耳。』操曰：『何思？

』詡曰：『思袁本初、劉景升父子也。』操大笑。操嘗出征，丕、植並送路側，植稱述功德，發言有章，左右屬目，操亦悅焉。丕悵然自失，濟陰吳質耳語曰：『王當行，流涕可也。』及辭，丕涕泣而拜，操及左右咸歔欷，於是皆以植多華辭而誠心不及也。植既任性而行，不自雕飾；五官將御之以術，矯情自飾，宮人左右並為之稱說，故遂定為太子。」

（資治通鑑卷六十八，漢紀六十）

看了上面這段描述，可見曹丕矯情自飾的工夫，是如何的高明，尤其是拜辭父王時，竟能應時出現一把急淚，這是一般人所做不到的。曹操死後，他繼承了丞相魏王的地位，不到一年，就篡奪了漢室的天下，成爲三分鼎足的魏文帝！而且對他那七步成詩的親弟弟曹植，百般的迫害，毫無骨肉之情，手段的殘酷，眞可算是『克紹箕裘』的了。然而他的思想作風，幾乎和他的父親全部相反！這是什麼緣故呢？須知曹操是從金戈鐵馬，遍地烽烟的亂世中，與群雄角逐，歷盡艱危，點點滴滴，白手成家的創業者，自然趨向於嚴刑峻罰以責事功的法家途徑；他呢，是承襲父業，進而登上皇帝寶座的；加上他自有生以來，過的都是席豐履厚的貴族生活；何況他又是一位文學氣質最重的人，自然愛慕自由放達，不喜拘束，在不知不覺中，他的思想就很接近道家了。因此他日夜追慕漢文帝的無爲政治，所以當他登上了皇帝寶座，便一連串的下了息兵詔、輕刑詔、禁復讎詔、薄稅詔；這些詔書，都有極濃厚的道家氣味，而且他感到人生無常，想把有限的生命，奇託到文學裏去。因此他在散文的表現方面，如典論論文、與王朗書、與吳質書裏，也都流露出這種意思。總之，他的思想，是直接影響魏晉玄學的主因，這是毫無疑問的。

魏王曹操的第三個兒子名植，字子建，也是建安文壇的領袖之一。他生性機警多藝能，而又才藻敏贍，所以曹操非常的喜愛他，幾乎做了魏太子；後來由於他任性而行，不自雕飾，纔失去了父寵。曹操死後，長兄丕對他迫害備至！因此他的思想，由積極轉爲消極，終於崇尚玄虛，這在他的辭賦如洛神、玄暢、釋愁諸篇中，都是可以看得出來的。

曹操和他的兒子丕，思想上儘管有著差異，但有一點却是相同的，那就是愛好文學。至於他們父子的詩歌，雖各有自己的風格，然而造詣都很高，這是誰也不能否定的。現在把他們父子的詩，摘錄幾首在後面：

蒿里行　（魏武帝集）

「關東有義士，興兵討群凶。初期會孟津，乃心在咸陽。軍合力不齊，躊躇而雁行。
勢利使人爭，嗣還自相戕。淮南弟稱號，刻璽於北方。鎧甲生蟣蝨，萬姓以死亡。
白骨露於野，千里無雞鳴。生民百遺一，念之斷人腸。」

這首詩，是描寫關東州郡起兵討伐董卓的事實，他道出了「白骨露於野」的戰地慘狀！而且遺詞樸質，音調悽愴，是以樂府來描寫時事的創作。

短歌行　（魏武帝集）

對酒當歌，人生幾何？譬如朝露，去日苦多。慨當以慷，幽思難忘。何以解憂？惟有杜康。青青子衿，悠悠我心。但為君故，沈吟至今。呦呦鹿鳴，食野之苹。我有嘉賓，鼓瑟吹笙。明明如月，何時可掇？憂從中來，不可斷絕。越陌度阡，枉用相存。契濶談讌，心念舊恩。月明星稀，烏鵲南飛。繞樹三匝，無枝可依。山不厭高，水不厭深。周公吐哺，天下歸心。

這首短歌行，所以能夠流傳千古，是在於作者以悲壯雄沈的筆調，刻劃短暫的人生，而且借「周公吐哺」的典故，來表現氣度，不失身份；眞可以說是詩格高邁，逸宕無倫的了。曹丕的五、七言詩，多數是寫男女的愛情，以及別離的愁恨，與其父操豪邁雄沈的風格不同，由於辭多婉約，就難免流於纖弱，他的漫漫秋夜長，就是一個例子。

漫漫秋夜長　（魏文帝集）

漫漫秋夜長，烈烈北風涼。展轉不能寐，披衣起彷徨。彷徨忽已久，白露霑我裳。俯視清水波，仰看明月光。天漢回西流，三五正縱橫。草蟲鳴何悲？孤雁獨南翔。鬱鬱多悲思，緜緜思故鄉。願飛安得翼？欲濟河無梁。向風長嘆息，斷絕我中腸。

這首詩，是秋夜抒情的作品，語多蕭瑟，悲婉動人。

燕歌行　（魏文帝集）

秋風蕭瑟天氣涼，草木搖落露為霜。群燕辭歸雁南翔，念君客遊思斷腸。
慊慊思歸戀故鄉，何為淹留寄他方？賤妾煢煢守空房，憂來思君不敢忘，
不覺淚下霑衣裳。援琴鳴絃發清商，短歌微吹不能長。明月皎皎照我牀，
星漢西流夜未央。牽牛織女遙相望，爾獨何辜限河梁？

燕歌行的特點，是句句用韻；並且是七言詩的創始之作。全詩描寫婦女在秋夜裏，思念丈夫，不能成寐，纏綿悱惻，刻劃入微。

曹植的詩，應分爲前後兩期，而曹操之死，就是分期的界線；現在摘錄他前後期的詩各一首，以概其餘。

鰕䱇篇　（曹子建集）

鰕䱇游潢潦，不知江海流。燕雀戲藩柴，安識鴻鵠遊？世上此誠明，大德固無儔。
駕言登五嶽，然後小陵丘。俯視上路人，勢利惟是謀。讎高念皇家，遠懷柔九州。
撫劍而雷音，猛氣縱橫浮。汎泊徒嗷嗷，誰知壯士憂。

他的前期作品，全是抒寫自己的抱負。這首詩，就是把那些爭名奪利的人，比做鰕䱇或燕雀

；而以鴻鵠高飛自喻，頗有『一覽衆山小』的氣概。

吁嗟篇（曹子建集）

吁嗟此轉蓬，居世何獨然。長去本根逝，夙夜無休閒。東西經七陌，南北越九阡。卒遇回風起，吹我入雲間。自謂終天路，忽然下沈泉。驚飇接我出，故歸彼中田。當南而更北，謂東而反西。宕宕當何依，忽亡而忽存。飄颻周八澤，連翩歷五山。流轉無恒處，誰知吾苦艱。願為中林草，秋隨野火燔。糜滅豈不痛？願與根荄連。

這首詩，是他後期優秀作品之一。因爲在曹丕稱帝以後，他感覺壓迫日盛！他的幾位好朋友和妻子，也都被殺戮；而且在十一年中，被勒令三度遷徙；流離輾轉，身似飄蓬，使他眞實地體驗到人生的痛苦，這便是他寫吁嗟篇的動機，以及他思想轉變的主因了。

至於依附在曹氏父子周圍的建安七子，王粲、劉楨、孔融、陳琳、阮瑀、徐幹、應瑒及其他文士們，無論是政治上、思想上或文學上，都籠罩在曹氏父子的權威領域內，如稍加踰越，便有被殺戮的危險，如孔融、荀彧、崔琰、楊脩、丁儀、丁廙等都是很明顯的例子，所以不想一一的加以論列了。

從建安到太和（魏明帝年號）這段時期，由曹操的貴刑名轉變而爲曹丕的慕通達，曹植的尚玄虛，影響所及，逐漸形成了正始（魏廢帝年號）中，士大夫們玄學清談和曠放頹廢的風氣。所以傅玄在舉清遠疏中說：

「近者魏武好法術，而天下貴刑名；魏文慕通達，而天下賤守節。其後綱維不攝，而虛無放誕之論，盈於朝野，使天下無復清議，而亡秦之病，復發於外矣。」（晉書傅玄傳）

由此可知，曹氏父子的好法術，慕通達，實際上就是指他們所發布的三令四詔，而竟改變了士大夫們「持躬」「爲學」的觀念！於是普遍的研習老莊，放棄經學；所謂「上有好者，下必有甚焉」的力量，眞是大得驚人了。

究竟什麼是玄學清談呢？要瞭解這個問題，就得先明白魏晉時的所謂「名士」，是怎麼一回事？關於這一點，近人牟宗三在他的魏晉玄學裏的魏晉名士及其玄學名理篇，分析得很清楚。他說：

「名士一格自魏末開始。魏初言才性名理者，如著人物志之劉劭，歷史上則列于名家，屬形名學，不列於名士。名士所談者以老莊玄理為主，亦因此而稱為名士。才性名理因現實察擧上之名實問題而發，起因于實用，目的亦在實用，而其為名理之本質却在品鑒，……然則究何謂名士？

『諸葛亮與司馬懿治軍渭濱，尅日交戰。懿戎服蒞事。使人視亮：獨乘素輿，葛巾羽扇，指揮三軍，隨其止進。司馬歎曰：諸葛君可謂名士矣。』（見世說補）………吾人由司馬懿稱諸葛為名士，可得一線索，了解名士一格之特徵。司馬懿時，名士已如雨後春筍露清光於社會，故彼心中已有此觀念。戎服蒞事不得為名士，而諸葛亮之獨乘素輿，葛巾羽扇，則以特別姿態出現於軍中，遂使司馬懿賞其清光而歎稱為名士。然則名士者清逸之氣也。清者不濁，逸則不俗。………逸者離也。離成規通套而不為其所淹沒則逸。逸則特顯風神，故俊。逸則特顯神韻，故清。故曰清逸，亦曰俊逸。逸則不固結于成規成矩，故有風。逸則活潑，故曰流。故總名曰風流。風流者，如風之飄，如水之流，不主故常，而以自在適性為主。………故逸則神露智顯。逸者之言為清言，其談為清談。逸者有智思而通玄微，故其智為玄智，思為玄思。………是則清逸、俊逸、風流、自在、清言、清談、玄思、玄智，皆名士一格之特徵。」

他上面所說的，點明了名士的特徵，還覺得不夠；於是又在同篇裏，指出名士的人格。他說

「………然則魏晉間的所謂名士，則非所謂某某家（例如軍事家、政治家），而只是為名士。專為名士，則其人惟在顯一逸氣，而逸氣無附麗。此即為名士人格。」

他指出了名士人格之後，又在同篇裏分析出表現名士逸氣的幾種方式。他說：

「………然則此所謂名士，究以何而名？曰：惟在因顯一逸氣而名。逸氣雖無附麗而亦有

表現。其表現在清言、清談。故其為名士是因清言、清談而為名士。又，逸氣之表現亦在青白眼，亦在任放，不守禮法。故其為名士亦因生活曠達而為名士。名士之名不是名節、名檢之名，亦不是名實之名。名節、名檢、名實之名，皆有所附麗而在一格局規範中顯，是以其為名也，亦只是其逸氣之一點聲光，全由遮顯，不以禮立，不以義方。是以其聲光之名乃為不能納入任何矩矱之中之寡頭之名。亦卽無所成無所立之名也（但不是聖人之『無所成名』。）此為顯一逸氣而在所成之人格卽名士人格。此為名士之通性，而在魏晉時代出現于人類之歷史。此亦可謂魏晉時代所開闢之境界也。」

最後他對名士一格，作了祇可以意會而又有無可奈何之感慨的結論。他說：

「此境界是逸氣與棄才之境界。（溢出而無所附麗，謂之逸氣，卽逸出之氣。無所成而無用，謂之棄才。卽遺棄之才。）故令人有無可奈何之感慨，有無限之淒涼。所謂感慨萬端者是也。總之，它有極可欣賞處，亦有極可詛咒處。何以故？因為此種境界是藝術的境界，亦是虛無的境界。名士人格是藝術性的，亦是虛無主義的。此是其基本情調。從其清談、玄思玄智方面說，是極可欣賞的。他有此清新之氣，亦有此聰明之智，此是假不來的。從其無所成，而敗壞風俗方面說，則又極可詛咒。因為他本是逸氣棄才，而無掛搭處，卽有之，他亦不能接受之。此其所以為可悲。他不能己立立人，安己以安人，因為只是逸氣之一點聲光之寡頭揮灑，四無掛搭，本是不能安住任何事的。此其所以為虛無主義。由此觀之，完全是消極的、病態的……。」

看了上面這幾段的分析，可知魏晉時代的所謂「名士」，就是清談玄學的士大夫們；他們的表現，有青白眼、任放、不守禮法和清談玄理。除了敗壞風俗，行爲乖謬外，眞是無一足取！他正符合了逸氣棄才的稱謂。關於魏晉「名士」清談的描述，趙翼在廿二史劄記六朝清談之習篇裏說：

「清談起於魏正始中，何晏、王弼祖述老、莊，謂天地萬物皆以無為本；無也者，開物成務，無往而不存者也。（王衍傳）是時阮籍，亦有高名，口談浮虛，不遵禮法；（裴頠傳）籍嘗作大人先生傳，謂世之禮法君子，如蝨之處褌。（阮籍傳）其後王衍、樂廣慕之，俱宅心事外，名重於時。（樂廣傳）後進莫不競為浮誕，遂成風俗。（王衍傳）」

上面這段描述，祇是趙翼錄自晉書王衍、裴頠、阮籍、樂廣等人傳記裏皆一鱗半爪，已經把清談的情形，勾出了一個輪廓，再加上王弼用老莊的學說註釋易經，向秀、郭象註釋莊子，以及阮籍、嵇康們的繼續鼓吹，於是魏晉清談玄理的基礎，便在這時建立起來了。從此以後三百多年的士大夫們，不但思想上遠離了實際的人生，從事於無爲虛誕的追求；而且生活浪漫得不成樣子，甚至變爲縱慾享樂的個人主義！因而形成了魏晉士大夫們的特有風氣。他們這種特有風氣，可以分成生活和風度兩方面來講，現在把阮籍、劉伶、阮咸、謝鯤、光逸、王徽之等的生活史料，部份摘錄在下面：

「阮籍嫂嘗歸寧，籍相見與別。或譏之，籍曰：禮豈為我輩設邪？鄰家婦有美色，當壚沽酒，籍嘗詣飲，醉便臥其則。籍既不自嫌，其夫察之，亦不疑也。兵家女有才色，未嫁而死，籍不識其父兄，徑往哭之，盡哀而還。」（晉書阮籍傳）

「劉伶恒縱酒放達，或脫衣裸形在屋中，人見譏之。伶曰：我以天地為棟宇，室屋為褌衣，諸君何為入我褌中。」（世說新語任誕篇）

「諸阮皆飲酒，咸至，宗人間共集，不復用杯觴斟酌。以大盆盛酒，圓坐相向，大酌更飲。時有群豕來飲其酒，阮咸直接去其上，便共飲之。」（晉書阮咸傳）

「謝鯤鄰家女有色，鯤嘗挑之，女投梭折其兩齒；時人為之語曰；任達不已，幼輿（鯤字）折齒。」（晉書謝鯤傳）

「胡母輔之、謝鯤、阮放、畢卓、羊曼、桓彝、阮孚、散髮裸袒，閉室酣飲已累日，光逸將排戶入，守者不聽，逸便於戶外脫衣，露頂於狗竇中，窺之而大叫。輔之驚曰：他人必不能耳，必我孟祖也。遽呼入，遂與飲，不捨晝夜，時人謂之八達。」（晉書光逸傳）

以上錄的幾段生活史料，可見魏晉士大夫們的生活，是如何的荒誕、淫僻和靡爛了。然而他們的風度，却也美表現魯內心、輕外物的灑灑高致。

「初祖約性好財，孚性好屐。同是累而未判其得失，有詣約，見正料財物。客至，屛當不盡，餘兩小簏，以著背後，傾身障之，意不能平。或有詣阮，正見孚自蠟屐。因自歎曰：『未知一生當著幾量屐』！神色甚閑暢，於是勝負始分。」（晉書阮孚傳）

「徽之嘗居山陰，夜雪初霽，月色清朗，四望皓然，獨酌酒，詠左思招隱詩，忽憶戴逵，逵時在剡，便夜乘小船詣之，經宿方至，造門不前而反。人問其故？徽之曰：本乘興而來，興盡而反，何必見安道（逵字）耶？」（晉書王徽之傳）

他們那瀟灑率眞的風度，對現實的人生來說，任何補益都沒有，祇是一種粧飾品罷了。在這種特有風氣的情形下，自然人們不會產生向上的朝氣！所以魏晉兩代的政治更加黑暗，民生益形痛苦了。干寶在晉記總論裏說：

「風俗淫僻，恥尚失所，學者以老莊為宗，而黜六經；談者以虛薄為辯，而賤名檢；行身者以放濁為通，而狹節信；進仕者以苟得為貴，而鄙居正；當官者以望空為高，而笑勤恪；其倚仗虛曠，依阿無心者，皆名重海內。若夫文王日昃不暇食，仲山甫夙夜匪懈者，蓋共嗤點以為灰塵而相詬病矣。」

他把魏晉士大夫們顚倒是非，不負責任，淫僻虛誕的風氣，可說刻劃得入木三分了。

至於魏晉兩代的社會風氣，爲什麼會逐漸墮落、萎靡？當然是有其原因的？究竟原因何在呢？那就是除了上面引述自建安以來，領導階層在學術思想、政治、文學各方面，對社會直接、間接的影響外，還有當時的世族（門第）問題，宗教發展和民生狀況。

現在來談談魏晉的世族問題，首先要知道，世族這一名詞，並非肇始於魏晉，遠在兩漢就已經有了。清儒趙翼在廿二史箚記的四世三公篇裏寫道：

「西漢韋平，再世宰相，已屬僅事。……東漢則有歷世皆為公者，楊震官太尉，其子秉，代劉矩為太尉；秉子賜，代劉郃為司徒，又代張溫為司空；賜子彪，代董卓為司空，又代黃琬為司徒，代淳于嘉為司空，代朱儁為太尉，錄尚書事；袁安官司空，又官司徒，其子敞及京，皆為司空，京子湯，亦為司空，歷太尉，封安國亭侯；湯子逢，亦官司空，逢弟隗，先逢為三公，官至太傅。故臧洪謂袁氏四世五公，比楊氏更多一公；古來世族之盛，未有如二家者。……而二家代以名德，為國世臣，非徒以名位門第相高，則尤難得也」。

上列兩漢的世族，他們的官至三公，主要還是靠本身的名德，不像魏晉的世族，專講門第，不及其他。原來兩漢的制度，地方的察舉與公府的徵辟，是士人出仕的兩大途徑；被察舉的大概是現任的官吏，朝廷常下詔州郡，選舉賢良方正，以及能直言極諫之士，簡稱賢良；後來又下詔地方，選舉茂材、異等、文學、高第、孝悌、力田、廉吏等類，以延攬人才；而與察舉相輔並行行的，名叫徵辟。兩漢二千石以上長吏，都可以自己辟舉曹掾；而東漢的公卿，更是以能辟召有名之士爲高。地方的選舉，要依循資格；但公府的辟召，却可以高才重名躐等超升，所以當時有名之士都以辟召爲榮。無論是地方選舉，或中央的辟召，都必須合於一定的道德標準，並且要得到當地輿論的支持，以及鑒定性的評價。不過法行日久，就難免生出弊病來了。由於被選舉的人互相標榜，互相揄揚，以虛僞的道德爲護符，做營私請託的藉口，因此地方選舉，多不眞實；甚至公府的徵辟，也日趨浮濫；等到曹丕篡漢以後，纔改察舉爲九品中正的選舉。趙翼在廿二史箚記九品中正篇說：

「魏文帝初定九品中正之法，郡設小中正，州設大中正。由小中正品第人才，以上大中正；大中正核實，以上司徒；司徒再核，然後付尚書選用，此陳群所建白也。然魏武帝時何夔疏言：今草創之際用人未詳其本，是以各引其類；宜先核之鄉閭，使長幼順序，無相踰越，則賢不肖先分。杜恕亦疏言：宜使州郡考士，必由四科，皆有事效，然後察擧，試辟公府。此又在陳群之前，蓋漢以來，本以察擧孝廉，為士人入仕之路，迨日久弊生，夤緣勢利，猥濫益甚；故夔等欲先清其源，專歸重於鄉評，以核其素行。群又密其法而差等之，固論定才之法也。然行之未久，夏侯元（玄）已謂中正干銓衡之權。」

可見九品中正之法，創始於魏初，到了正始年間，就有中正干礙銓衡的說法；晉篡魏後，也襲用此法，弊害就越來越多了。他繼續說：

「而晉衞瓘亦言：魏因喪亂之後，人士流移，考詳無地，故立此法，粗具一時選用。其始，鄉邑清議，不拘爵位，褒貶所加足為勸勵，猶有鄉論餘風；其後遂計資定品，惟以居位為重。是可見法立弊生，而九品之升降，尤易淆亂也。………故段灼疏言：九品訪人，惟問中正，據上品者，非公侯之子孫，卽當途之昆弟。劉毅亦疏言：高下任意，榮辱在手，用心百態，求者萬端。此九品之流弊見於章疏者，真所謂上品無寒門，下品無世族；高門華閥，有世及之榮，庶姓寒人，無寸進之路；選擧之弊，至此而極，然魏晉及南北朝三、四百年，莫有能改之者。蓋當時執權者，卽中正高品之人，各自顧門戶，固不肯變法；且習俗已久，自帝王以及士庶，皆視為固然，而無可如何也。」

看了上面的記述，可知魏晉時代佔著社會結構重要部份的人士，由於九品中正選擧的日久弊生，使他們入士的途徑，發生了變化！進而遭到高門華閥的壟斷；甚至庶姓的士人，縱或得到做官的機會，也祇能沈滯於下僚！而形成世族（門第）的專利，使許多有才學的人，慘遭埋沒。等到晉室南渡以後，高門華閥當中，又分爲僑姓吳姓兩種！可以說是圈圈中，又劃上了小圈圈，傳樂成在他著的中國通史魏晉南北朝的社會裏說：

「晉室南渡後，南方的世族，有僑姓吳姓之分。僑姓以王（瑯邪）、謝（陳郡）、袁（陳郡）、蕭（蘭陵）為大；他們原為北方的世家大族，南渡之後，借晉室的名義，各自佔地名田，封山錮澤，做南方的新主人翁。吳姓為吳地的土著豪門，以朱、張、顧、陸為大，但他們的地位，遠不如僑姓。大體說來，東晉及南朝政府對南士採排斥態度，南士也不肯與之合作，因此與土著之間，隔閡甚深。」

這便是東晉和南朝的宋、齊、梁、陳，內部不能團結，永遠不能恢復失土的一部份原因。其次，對魏晉社會具有影響力的，是宗教的發展；關於這個問題，中國文學發達史在魏晉時代的文學思潮篇中說：

「道家、道教這兩個名詞，在表面上雖有些混淆，但其本質却有明顯的差別。道家，是代表老莊一派的哲學；道教，雖也奉黃老，却是一種民間的迷信宗教。……但在西漢初期盛行一時的黃老，還是屬於道家。至於道教的形成，却始於東漢，一面因為結合著當日陰陽迷信的思想，一面襲取當日輸入的佛教形式，漸漸的組合起來。……到了桓帝，在皇宮中正式設立了黃老浮屠之祠。後漢書本紀論說：「飾芳林而考濯龍之宮，設華蓋以祠浮屠老子。」……皇帝信佛信道，臣僚士子都會跟著走這條路的。……道教也藉著社會動搖，民間困苦的絕好機會，在鄉間宣傳推動。張陵的五斗米道，張角的太平道，應運而生，十幾年間，徒衆到了幾十萬，地方佈滿了青、徐、幽、冀、荆、揚、兗、豫八大州，造成了歷史上有名的黃巾之亂。」

這一段是敍述道家與道教的不同點，以及道教在東漢的形成、傳布的情形。同篇下面所寫的是佛效進入我國以及傳布的簡述：

「佛教初來中國，多係口傳，國人尚難解其真義，於是與當日流行的道教，彼此混雜，互相推演。當時修教者與傳教者，都未能將佛道二教分辨清楚，多視為出自一門。………等到漢代末年，有支讖、安清、竺佛朔、康孟祥、竺大力諸人的譯經，有牟子討論佛義的理惑論，於是佛教本身的意義漸漸顯明，從方術道士的手下，漸漸的解脫出來，而立於自立之途了。同時道教在民間很快的發展起來，其基礎日趨穩固，到了魏晉，老莊哲學獨立發展，與道教徒假託黃老的道教分道而馳，一為民間信仰的宗教，一為當代學術思想界的正統了。………在這種變化時期，佛學也脫離道士的附庸，而與老莊玄學相輔而行，大為清談之士所愛好，佛學的發展，又進展到一個新的階段。」

又章太炎在他著的國學概論，魏晉隋唐間之玄學與佛法篇中說：

「自魏晉至六朝，其間佛法入中國，當時治經者極少，遠公（慧遠）是治經的大師，他非但有功佛法，並且講毛詩、講儀禮極精；後來治經者差不多都是他的弟子。」

上面所引的三段文字，不僅概述了道、佛兩教，從東漢到魏晉的傳播發展情形；而且也說明了佛教初入中國時，附庸於道教以及漸漸自立的經過。因此我們更瞭解到道家的老莊哲學，在天下大亂之後的魏晉時代，所以逐漸取代儒家而形成士大夫們學術思想的正統，道教也成為一般人民信仰的宗教。至於佛教與佛學，原本是一致的；由於傳到我國的初期，與道教「彼此混雜，互相推演。」到了魏晉，不僅脫離道教以自立，而且也獲得社會上部份人民的信奉。因為道家的玄和佛家的空，同樣是出世、厭世，逃避現實的，正合於亂世人們塡補空虛心靈的需要，成為絕大多數士大夫寄情玄空的思想避難所！而道教與佛教，也成為一般人民麻醉心靈，減少死亡恐懼的烏托邦，所以都能夠大行其道。不過無論是道家或佛學，對於士大夫來說，由於「玄」「空」的極致，使得人與人之間的感情日趨冷漠，而終於忽視了倫理觀念。道佛兩教對於社會來說，不僅使一般民衆陷入迷信，出家為僧道的，一天天多起來，以逃避兵役和納稅，而且使社會經濟，形成「食之者多，生之者寡」的尷尬場面！這種情勢一直延續到隋唐，還在餘波蕩漾咧。

談到魏晉的民生狀況，眞可說是困苦已極，因為曹魏是承黃巾的叛亂，以及討伐董卓，掃平北方群雄割據，南下荆州，又遇上孫權、劉備聯軍抵抗的赤壁大戰之後而形成的朝代，何況在三國鼎立的三、四十年裏，還不斷的互相征伐，國內也迭起叛亂呢？等到晉武帝篡魏滅吳，統一了天下，然而不久，便鬧賈后之亂，八王內鬨！隨即五胡入侵，中原淪陷，懷愍被擄，西晉告終。到了東晉，又經過王敦、蘇峻、桓玄的叛變，纔造成劉裕篡位的大好機會，於是東晉也就成亡了。在這兩百多年當中，內擾外患，黨禍戰爭，饑荒瘟疫，不知道死了多少人，也不知道拆散了多少家庭！再加上南渡後，中原的世族，借晉室的名義，各自佔地名田，封山錮澤，以維持驕奢淫佚的享受；而一般人民的生活却非常的困苦。所以魏晉時代的民生狀況，都是促使魏晉社會風氣漸趨墮落萎靡的部份重要因素。

引言已經說過，文學是反映人們思想言行的工具。由於魏晉的士大夫們，在學術思想上，既崇尚老莊的無爲虛誕，而五經中，又祇研習易經，其餘的都束之高閣；在行爲上，却極端的淫僻浪漫，甚且人格卑下，附勢苟得！試想在這種情形下的文學，又怎麼談得上『文章合爲時而著，詩歌合爲事而作』的功用？尤其是太康（晉武帝年號）以後的作品，不僅看不到建安文學中雄沈悲壯的風骨，就連正始時嵇阮們詩章裏所表現的自由精神和淸峻遙深的意境，也都沒有了。這是什麼緣故呢？不外是蜀已先亡於魏，晉武帝篡魏後，又擧兵滅了吳國，割據的局面，已告結束；在國無外敵的情形下，人們自然心生泰侈，士大夫們的篇章，也就傾全力在形式上下功夫，因而輕視內容，抹煞意境，偏重詞藻，普遍形成華美浮艷，駢儷工整的文風。最顯明的，是文學脫離了實用，轉爲浪漫的，虛誕的，個人的趣向；這便是魏晉文學的特徵。而這一特徵形成的淵源，當不外自漢末以來的長期戰亂。在這一過程中，士大夫旣沒有挽回的力量，睜開眼睛，又看不下去，甚至隨時都可慘遭屠殺！於是祇有朝向逃避現實，寄情虛誕的路上走去；這便是形成魏晉文學特徵的背景。

由於上述的因素，魏晉的文學，大部份是遊仙、哲理和田園的作品；現在我把魏晉時代具有上項代表性的作家和作品，各錄一首在後面。

(1) 遊仙文學

阮籍詠懷八十二首之一

「危冠切浮雲，長劍出天外。細故何足慮，高度跨一世。非事為我御，消遙遊荒裔。顧謝西王母，吾將從此逝。豈與蓬戶士，彈琴誦言誓。」

嵇康贈秀才入軍十九首之十六

「乘風高遊，遠登靈丘，託好松喬，攜手俱遊。朝發太華，夕宿神州。彈琴賦詩，聊以忘憂。」

陸機前緩聲歌

「遊仙聚靈族，高會層城阿，長風萬里舉，慶雲鬱嵯峨。宓妃與洛浦，王韓起太華。北徵瑤臺女，南要湘川娥。肅肅霄駕動，翩翩翠蓋羅。羽旗棲瓊鸞，玉衡吐鳴和。太容揮高絃，洪崖發清歌。獻酬旣已周，輕舉乘紫霞。總轡扶桑枝，濯足暘谷波。清輝溢天門，垂慶惠皇家。」

郭璞遊仙詩十四首之一

「雜縣寓魯門，風暖將為災。吞舟涌海底，高浪駕蓬萊。神仙排雲出，但見金銀臺。陵陽挹丹溜。容成揮玉杯。姮娥揚妙音，洪崖頷其頤。升降隨長煙，飄飄戲九垓。奇齡邁五龍，千歲方嬰孩。燕昭無靈氣，漢武非仙才。」

成公綏遊仙詩

「盛年無幾時，奄忽行欲老。那得赤松子，從學度世道。西入華山陰，求得神芝草。珠玉猶戴土，何惜千金寶。但願垂無窮，與君長相保。」

（以上各詩均見漢魏六朝百三家集）

其餘還有張華、張協、何迢等，都有遊仙詩，這裏不再摘錄了。所謂遊仙文學，無非是這些作者們寄情虛誕的幻想，而且不僅是詩歌，就是賦和小說，也都有它的踪跡；例如晉孫綽的天台山賦中的『哂夏蟲之疑冰，整輕翮而思矯。理無隱而不彰，啓二奇以示兆，赤城霞起以建標，瀑布飛流以界道。覿靈驗而遂徂，忽乎吾之將行。仍羽人於丹丘，尋不死之福庭。』這些句子，不是充滿了老莊玄學和神仙的意境嗎？至於敍述神仙鬼怪的小說，更是魏晉時代的特產，如漢武帝故事、武帝內傳、搜神記、神異經、十洲記、洞冥記、博物志、搜神後記、靈鬼志、述異記等，都是屬於遊仙文學範疇的。從上面錄的這些詩賦，就可以看出魏晉士大夫們的精神，是如何的苦悶，如何的荒誕了。

(2) **哲理文學**

鍾嶸在他著的詩品序裏，對永嘉及南渡時期的詩篇批評道：

「永嘉時，貴黃老，尚虛談，於時篇什，淡乎寡味。爰及江表，微波尚傳。孫綽、許詢、桓溫、庾亮諸公詩，皆平典似道德論。」

世說新語注引續晉陽秋也說：

「過江佛理尤盛，………許詢及太原孫綽，轉相祖尚，又加三世之辭，詩騷之體盡矣。」

由此可見，永嘉前後的篇章，除了老莊的內容外，又加上佛理，它的枯淡無味，是可想像得到的。可惜許詢、桓溫、庾亮的詩，都已失傳，以致哲理文學的搜集，感到相當的困難。祇有孫綽的詩，在漢魏六朝百三家裏，還存留著幾首。現在抄錄兩首於後。

孫綽答許詢（文館詞林）

「仰觀大造，俯覽時物。機過患生，吉凶相拂。智以利昏，識由情屈。野有寒枯，朝有炎鬱。失則震驚，得必充詘。」

孫綽贈溫嶠（文館詞林）

「大樸無像，鑽之者鮮。玄風雖存，微言靡演。邈矣哲人，測深鈎緬。誰謂道遠，得之無遠。」

從這兩首哲理詩看來，除了四個字一句，像是四言古詩以外，實在找不出一點詩的氣息。而且孫綽還有一篇揉合道佛兩家理論的奇文：

「夫佛也者，體道者也；道也者，導物者也；應感順通，無為而不為者也；無為，故虛寂自然；無不為，故神化萬物。萬物之求，卑高不同；故訓致之術，或精或麤；悟上識則舉其宗本，不順者復殃，故酒者罹刑，淫為大罰，盜者抵罪，三辟五刑，犯則不赦，此王者之常制，宰牧之所司也。若聖王御世，百司明達，則向之罪人，必見窮測，無逃形之地矣。使姦惡者不得容其私，則國無違氏，而賢善之流，必見旌敘矣。且君明臣公，世清理治，猶能令善惡得所，曲直不濫；況神明所涖，無遠近幽深，聰明正直，罰惡祐善者哉。故毫釐之功，錙銖之釁，報應之期，不可得而差矣。………」（錄自文館詞林）

這樣的文章，不僅遠離了現實的人生，而且談不上哲學，就拿文學的觀點來衡量它，也是毫無價值的。

(3) 田園文學

從上面兩節所列的詩賦和文章看起來，遊仙文學過於玄虛，哲理文學又感到過於枯淡；祇有田園文學，似乎玄虛，但却實在；似乎枯淡，但却豐腴；能夠脫離濁世的塵俗，表現一個合乎人情的境界，可說是魏晉浪漫文學中的最高表現了。不過田園文學，集大成的雖是陶潛，而首開風氣的，却是太康時期的左思。據說左思的容貌很醜，口才也遲鈍，然而他的文學修養却很高；由於他費了十年的功夫，寫成轟動一時的三都賦，皇甫謐替他作序，當時的豪右，競相傳寫，洛陽爲之紙貴！從此享了盛名。平心而論，他的三都賦，本質上並未脫離漢賦的窠臼，實在沒有多大的價值；轉不如他的詩，作風淳厚，意境高潔。現在把他的詩抄錄幾首在後面：

左思招隱（漢魏六朝百三家集）

「杖策招隱士，荒塗橫古今。巖穴無結構，邱中有鳴琴。白雲停陰岡，丹葩曜陽林。石泉漱瓊瑤，纖鱗或浮沈。非必絲與竹，山水有清音。何事待嘯歌，灌木自悲吟。秋菊兼餱糧。幽蘭間重襟。躊躇足力煩，聊以投吾簪。」

左思詠史八首之五（漢魏六朝百三家集）

「皓天舒白日，靈景耀神州。列宅紫宮裏，飛宇若雲浮。峨峨高門內，藹藹皆王侯。自非攀龍客，何為歘來游。被褐出閶闔，高步追許由。振衣千仞岡，濯足萬里流。

左思雜詩（漢魏六朝百三家集）

「秋風何冽冽，白露為朝霜，柔條旦夕勁，綠葉日夜黃。明月出雲崖，皦皦流素光。披軒臨前庭，嗷嗷晨雁翔。高志局四海，塊然守空堂。壯齒不恒居，歲暮常慨慷。」

上面這三首詩，無論是意境、格局、氣韻任何一方面，在太康詩人群中，都可說是卓爾不群的了。

繼續要談的，是田園文學的大宗師陶潛。我認爲要研究或批評一個人的作品，首先要明瞭他的身世、個性和時代的背景，纔不致有隔靴抓癢的感覺。陶潛亦名淵明，字元亮，是江西潯陽柴桑人，生當東晉的末期，他的曾祖父侃，做過東晉的大司馬；外祖父孟嘉，做過征西大將軍的長史；按照他歷代做官的家世來說，他的家庭應該是富有的，然而他却窮得一貧如洗；可見他的祖先和親戚，都是潔己奉公的好人；其胸襟豁達，品格高尙，是可以想見的。他承受了這樣高尙的家庭陶冶和遺傳，纔能夠形成他那卓然獨立的人生，自然是極合邏輯的。至於他的個性，除了上面所說的遺傳以外，還有與生俱來的恬淡、率眞，以及愛好自然的成份揉合而成的。蘇東坡說得好：『元亮欲仕則仕，不以求之爲嫌；欲隱則隱，不以去之爲高；饑則扣門而乞食，飽則雞黍以迎客；古今賢之，貴其眞也。』這幾句話，已經完全鈎出了他那毫不做作的本來面目。而當時政治的混亂，環境的惡劣，也是促使他退處田園、寄情山水的主要原因。本來東晉的政治，一貫是黑暗紊亂的，到了他出來應世的時候，情形就更糟了！司馬道子和他的兒子元顯執政，招權納賄，朝政混亂已極；一般的官僚和士人，祇知道趨炎附勢，魚肉善良；不僅不談風氣，而且也毫無廉恥，卒致釀成劉裕起兵的機會！不久，東晉就被篡奪而告滅亡。他在這種情況之下，既不屑同流合污，又無力掃除叛逆，除了退處田園，實在是無路可走的了。而他厭惡世人的鑽營無恥，曾在他寫作的感士不遇賦序文裏，有顯明的表示。他說：

「自真風告逝，大僞斯興，閭里懈廉退之節，市朝驅易進之心，懷正志道之士，或潛玉於當年；潔己清操之人，或沒世以徒勤；故夷皓有安歸之歎，三閭發已矣之哀。」（陶淵明集）

關於陶潛的身世、個性和時代的背景，上面已經概括地加以說明。不過在研究陶潛的田園文學以前，我必須提出來的，就是他能把人生、思想的全部，與他的作品溶成一體；無論是思想抑或是行爲，祇是一個生命，一個靈魂；決不像其他文士，作品與行爲，截然兩回事，甚至很輕易的被人發現出虛僞的做作來。他另一個與魏晉士大夫們的不同點，便是在他的思想裏，有律己嚴正，肯負責任的儒家精神；尤其是對於傳統倫理中的孝道，特別注重！因此在他的作品中，有五篇讚美孝道的傳贊。這五篇敍述、讚美孝道的故事，時間是上起虞舜，下到晉朝；人物是包括了天子、諸侯、卿大夫、士和庶人。他在孝傳贊的庶人篇讚美廉範說：

「夫孝者人之本，教之所由生也；是以範之臨危也勇，宰民也惠，能以義顯也。」（陶淵明集）

可見他是如何服膺儒家孝爲德本的理論。他雖也愛慕老莊清淨逍遙的境界，但那祇是理想中的憧憬；在生活行爲上，絕不和那些頹廢清談的名士同流合污。他也具有佛家慈悲和四大皆空的觀念，但沒有絲毫迷信的色彩。由於他能夠攝取儒佛道三家的精義。而又避免了他們的缺點，所以他的作品，纔有那樣高尙的意境，而仍能不離現實的人生。至於他的散文，如桃花源記、孝傳贊五篇、晉故征西大將軍長史孟府君傳、五柳先生傳等篇章，決沒有陸機、潘岳們駢詞儷句的雕琢痕跡，完全是平淡自然的風格；他的名著歸去來辭，也擺脫了阮籍郭璞們高士仙人的眷戀和歌頌，而回到了田園山水的自然寄託；他的詩，如飲酒二十首、歸田居五首、問來使、乞食諸什，更遠離了孫綽許詢們談玄說理的歌詠偈語，而敍述些日常的瑣事和人情。總之，他是魏晉兩代傑出的詩人，也是了不起的大文學家。現在我把他前、後期具有代表性的詩篇，分別抄錄幾首在後面。

詠荆軻（陶淵明集）

「燕丹善養士，志在報強嬴。招集百夫良，歲暮得荆卿，君子死知己，提劍出燕京。素驥鳴廣陌，慷慨送我行。雄髮指危冠，猛氣衝長纓。飲餞易水上，四座列群英。漸離擊悲筑，宋意唱高聲。蕭蕭哀歌逝，淡淡寒波生。商音更流涕，羽奏壯士驚。心知去不歸，且有身後名，登車何時顧，飛蓋入秦庭，凌厲越萬里，逶迤過千城。圖窮事自至，豪主正怔營。惜哉劍術疏，奇功遂不成。其人雖已沒，千載有餘情。」

始作鎭軍參軍經曲阿（陶淵明集）

「弱齡寄事外，委懷在琴書。被褐欣自得，屢空常晏如。時來苟冥會，婉孌憩通衢。投策命晨裝，暫與田園疎。眇眇孤舟逝，綿綿歸思紆。我行豈不遙，登陟千里餘。目倦川塗異，心念山澤居。望雲慚高鳥，臨水愧游魚。真想初在襟，誰謂形蹟拘。聊且憑化遷，終反班生廬。」

庚子歲五月從都還阻風於規林二首之一（陶淵明集）

「自古歎行役，我今始知之，山川一何曠，巽坎難與期。崩浪聒天響，長風無息時。久遊戀所生，如何淹在茲。靜念林園好，人間良可辭。當年詎有幾，縱心復何疑。」

他的前期（以棄彭澤令爲界限）詩篇，除了上列三首以外，還有許多酬酢的作品，其中如命子、癸卯歲始春懷古田舍、與從弟敬遠諸什，都以名節相勉勗；就是前面所錄的詠荆軻，也充滿著憎惡暴秦的憤慨！而發出『奇功遂不成』的歎惜。祇有經曲阿阻風於規林二首，纔流露出嚮往田園的心境；這些詩和他前期的生活實況，是一一符合的。因爲貧窮，不能不出來應世；然而行旅奔波，又感到精神上的痛苦，所以轉而嚮往田園的恬淡，纔產生棄官歸隱的實際行動，這是可以推想得到的。後面所錄的，都是他後期的詩篇。

歸田園居五首錄二（陶淵明集）

「野外罕人事，窮巷寡輪鞅。白日掩荆扉，虛空絕塵想。時復墟曲中，披草共來往。相見無雜言，但道桑麻長。桑麻日已長，我土日已廣。常恐霜霰至，零落同草莽。」

前題　（陶淵明集）

「種豆南山下，草盛豆苗稀。晨興理荒穢，帶月荷鋤歸。道狹草木長，夕露霑我衣。衣霑不足惜，但使願無違。」

飲酒二十首錄一（陶淵明集）

「結廬在人境，而無車馬喧。問君何能爾？心遠地自偏。採菊東籬下，悠然見南山。山氣日夕佳，飛鳥相與還。此中有真意，欲辨已忘言。」

前題　（陶淵明集）

「少年罕人事，游好在六經。行行向不惑，淹留遂無成。竟抱窮苦節，饑寒飽所更。敝廬交悲風，荒草沒前庭。披褐守長夜，晨雞不肯鳴，孟公不在茲，終以翳吾情。」

擬古九首之一　（陶淵明集）

「種桑長江邊，三年望當採。枝條始欲茂，忽值山河改。柯葉自摧折，根株浮滄海。春蠶既無食，寒衣欲誰待。本不植高原，今日復何悔。」

雜詩十二首之一（陶淵明集）

「榮華難久居，盛衰不可量。昔為三春渠，今作秋蓮房。嚴霜結野草，枯悴未遽央。日月還復周，我去不再陽。眷眷往昔時，憶此斷人腸。」

詠貧士七首之一（陶淵明集）

「悽厲歲云暮，擁褐曝前軒。南圃無遺秀，枯條盈北園。傾壺絕餘瀝，窺竈不見烟。詩書塞座外，日昃不遑研。閑居非陳厄，竊有慍見言。何以慰吾懷，賴古多此賢。」

擬挽歌辭三首之一（陶淵明集）

「有生必有死，早終非命促。昨暮同為人，今旦在鬼錄。魂氣散何之，枯形寄空木。嬌兒索父啼，良友撫我哭。得失不復知，是非安能覺。千秋萬歲後，誰知榮與辱。但恨在世時，飲酒不得足。」

這幾首詩，可說是他晚期作品的精華；因爲他在棄官歸隱後，眞的和農夫樵子們接觸了二十多年，不再與聞政治。他不僅是生活上，由奔波轉爲安定；同時他的心境，也由煩悶變成恬適；因此，高貴的作品，都產生在這一時期。須知他那恬淡無欲的生涯，還是根源於儒家安貧樂道的思想而來的，這可以在他詠貧士的七首詩裏看得出來，決不是我隨便加以臆斷的。另外還有一點，值得提出！那就是在劉裕簒晉以後，他所有的作品，祇寫甲子，而在義熙以前，却書晉代的年號。關於這件事，臺灣中華書局印行的中國文學發達史的作者（沒有作者姓名），認爲陶潛的祇書甲子，並不表示他恥事二姓的忠愛之情。因爲他有廣濶的胸懷，高逸的理想；桃花源記裏那種無政府的社會，自由自在的大同世界，豈不是很好的說明？所以他絕不會有恥事二姓的迂腐行爲。並且引梁啓超說的：

『如果他在爭什麼姓司馬的姓劉的，未免把他（指陶潛）看小了。』

來加强印證。我認爲這是一種武斷，因爲陶潛是非常服膺儒家倫理孝道的，在他的著作中，就有天子、諸侯、卿大夫、士、庶人的孝傳贊，達五篇之多；言爲心聲，他如果不服膺孝道，會寫孝傳贊嗎？何況孝是一切德行的根本，稍加引伸，就是忠君愛國了。可見他的退隱田園，主要還是憎惡當時士大夫們的趨炎附勢，寡廉鮮恥！認爲道德墮落，人心已死，在不得已的情況下，纔走這最後的一條路。他更明白人們道德的普遍墮落，是由於崇尚老莊的學術思想，而形成不負責任的清談風氣的必然結果。換句話說，士大夫們不僅不盡自己的職責，同時對於國家君父，也一樣是漠不關心的！他如何肯和這班人同流合汚呢？加之他的曾祖父侃、祖父茂、父親逸，世代都是晉朝的名臣，縱令晉宋兩朝是分不出好歹的魯衞之政，自然他對劉宋也會更加憎惡了。明瞭了這一點，可知陶潛的作品，在永初以後，祇書甲子，是含有恥事叛逆的意思，並不是腐儒的畫蛇添足，而是有其思想根據和家世背景的：由於他有這樣的行爲，更顯出他負責任、知廉恥以及清高的人品來了。明朝的張溥在題陶彭澤集上說：

「古人詠陶之作，惟顏清臣最稱相知，謂其公相子孫，北窗高臥，永初以後，詩題甲子，志猶張良思報韓，龔勝恥事新也。」（見漢魏六朝百三家集）

這眞是有見解而又最透徹的評論。

最後要談的，是永嘉時期中山魏昌人的劉琨（越石），他是晉室南渡，懷愍北狩後，唯一留在幷幽的孤臣孽子！雖然他很想驅除戎狄，恢復失地；可是由於力不從心，無援孤立，遭逢極度窮困的境遇，終於被幽州刺史段匹磾所縊殺。就漢魏六朝百三家集中他的詩看來，可以說是獨具風格的；因爲他沒有遊仙文學的荒誕，也沒有哲理文學的枯燥，更不同於田園文學逃避現實。却充滿了國破家亡後的故宮禾黍之悲，英雄末路之感！這是他和同時代的許詢、孫綽、庾亮輩大異其趣的地方。他在答盧諶書裏說：

「昔在少年，未嘗撿括；遠慕老莊之齊物，近嘉阮生之曠放；怪厚薄何繇而生；哀樂何從而至？自頃輈張，困於逆亂，國破家亡，親友凋殘；塊然獨立，則哀憤兩集；負杖行吟，則百憂俱至；時復相與舉觴對膝，破涕爲笑，排終身之積慘，求數刻之暫歡。譬猶疾疢彌年，而欲一丸銷之，其可得乎？失才生於世，世實需才。和氏之璧，焉得獨曜於郢握；夜光之珠，何得專玩於隋掌；天下之寶，固當與天下共之；但分析之日，不能不悵恨耳。然後

知聃周之為虛誕，嗣宗之為妄作也。」（晉書劉琨傳）

可見他原是老莊思想的一份子，在經過許多艱難的際運，環境的折磨後，纔明白這種思想的錯誤！又由於他力不足以克服環境，創造環境：所以他雖放棄了當時潮流所趨的老莊思想，轉向積極的人生；可是大勢已去，終難挽回。因而他的詩文纔形成了哀感而又峻拔的風格。下面錄的是他的代表作。

扶風歌　（漢魏六朝百三家集）

「朝發廣莫門，暮宿丹水山。左手彎繁弱，右手揮龍淵。顧瞻望宮闕，俯仰御飛軒。據鞍長歎息，淚下如流泉。繫馬長松下，發鞍高岳頭。烈烈悲風起，泠泠澗水流。揮手長相謝，哽咽不能下。浮雲為我結，歸鳥為我旋。去家日已遠，安知存與亡。慷慨窮林中，抱膝獨摧藏。麋鹿遊我前，猨猴戲我側。資糧既乏盡，薇蕨安可食。攬轡命徒侶，吟嘯絕巖中。君子道微矣，夫子固有窮。惟昔李騫期，寄在匈奴庭。忠信反獲罪，漢武不見明。我欲竟此曲，此曲悲且長。棄置勿重陳，重陳令人傷。」

這首詩，既沉痛又深刻，相信任何人看了，都會寄與無限同情的；何況他這雄俊的詩風，是魏晉詩人中少見的呢。

四、宋文學的遞嬗

南朝的宋代，在劉裕篡晉後，僅享國二年而殂；雄主既死，所以劉宋統治江南半壁的時間，雖有六十年之久，然而不僅恢復中原無望，就是政治的黑暗腐敗，士大夫們的浪漫淫侈，也超過了魏晉。這是由於儒家學說，自魏晉以來在思想上，就逐漸失去了人們的信仰與指導力量；因而被老莊哲學取而代之，造成盛極一時的浪漫自然主義。到了宋代，佛教新興的大乘教義獨盛，（宋明帝就是一位佛徒）與道家的思想相輔而行，儒學顯得更加消沉，纔形成了極端柔靡虛浮的社會風氣。周朗在上宋孝武帝的書中說：

「**自釋氏流教，其來有源，淵檢精測，固非深矣；舒引容潤，亦旣廣矣；然習慧者日替其修，束誡者月繁其過，遂至糜散錦帛，侈飾車從！**復假粗醫術，託雜卜數，延姝滿室，置酒浹堂。」（宋書周朗傳）

又宋南郡王義宣傳裏面說：

「義宣至鎮，勤自課厲，政事修理。白皙美鬚眉，長七尺五寸，腰帶十圍；多蓄嬪媵，後房千餘，尼媼數百，男女三十人，崇飾綺麗，費用殷廣。………而世祖（孝帝）閨庭無禮，與義宣諸女淫亂！義宣因此發怒，密治舟甲，克孝建元年秋冬舉兵。」（宋書武二王傳）

由於這兩段記述看來，可知當時上自天子，卿大夫，下到社會上一般佛徒的風氣，是如何的浪漫而淫侈！也可以說是劉宋時代士大夫的特有的風氣。至於世族（門第）問題，祇能說是兩晉的延續，宋代的大詩人鮑照一生鬱抑，就是一個最好的說明。他如民生狀況，雖然南北戰爭頻仍，但主要戰場，是在黃河以南長江以北地區；北朝的河北，南朝的江南，都是主要的產糧區；加上秩序還算安定，所以糧食不虞匱乏。不過世族的奢侈，與平民的粗劣生活，實在是不能比擬的。談到劉宋皇室骨肉間的自相殘殺！較之西晉的八王互屠，是有過之而無不及的。除了宋文帝被逆子元凶劭所弒！與建平王景素、桂陽王休範因叛國舉兵被殺並及二子以外，就要算宋孝武帝二十八子的全無子遺了。翼在廿二史劄記南史誤處篇裏說：

「今案宋書，前廢帝、明帝、後廢帝三本紀及孝元諸子傳。孝武子新安王子鸞，南海王子師，則前廢帝子業所殺也；明帝所殺者，前廢帝子業，豫章王子尚，晉安王子勳，安陸王子綏，臨海王子頊，邵陵王子元，永嘉王子仁，始安王子真，淮安王子孟，南平王子彥，廬陵王子輿，松滋侯子房，東平王子嗣；又子趨、子期、子悅皆未封而為明帝所殺。其餘晉陵王子雲，淮陽王子霄，及未封之子深、子鳳、子元（？）、子況、子文、子雍皆早夭。……南史孝武諸子傳內又有齊敬王子羽，亦二歲而亡，是孝武諸子，除前廢帝及明帝所殺共十八人外，餘十人皆夭死。」

可見他們在利害衝突時，雖是骨肉，也絲毫不顧倫理，而以殘酷的手段相對待的。不過劉宋的君主、王侯們，對於文學的提倡，卻有很好的成績。例如宋文帝的立儒、玄、文、史四館，明帝更把它分爲儒、道、文、史、陰陽五科，宗室中如南平王休鑠，建平王弘，廬陵王義眞，江夏王義恭等，都是以獎勵文學，或招集文士著稱的。再加上自東晉末葉以來，文人與佛徒交遊之風極盛，深山絕谷、古廟、茅亭，都是他們遨遊的處所。當前美景，每多發爲詩文。於是唯美的山水文學，就從此興盛起來了。然而它對於世道人心，究竟是毫無補益的，以致宋齊遞嬗之際，士大夫們竟紛紛的改事新朝！這就是劉宋一代士大夫特有風氣影響下的文學特徵。

現在我們首先來談談身經晉宋兩代，而且又是倡導山水文學的大詩人謝靈運。

「謝靈運陳郡陽夏人也，祖玄晉車騎將軍；父瑍生而不慧，為秘書郎，早亡。靈運幼便穎悟，玄甚異之，謂親知曰：我乃生瑍！瑍那得生靈運？靈運少好學，博覽群書，文章之美，江左莫逮！從叔混特知愛之，襲封康樂公………世共宗之，咸稱謝康樂也。」（宋書謝靈運傳）

後來劉裕篡晉，靈運入宋，卻降成了侯爵；由於喜遊山水，性又曠放，以致迭次被有司所糾，司徒遣使隨州從事鄭望生收靈運，而靈運反執錄望生，興兵叛逆！並爲詩，內有句云：

「韓亡子房奮，秦帝魯連恥！本自江海人，忠義感君子。」

他做了劉宋的臣子，已快十年，在失意之後，卻又自命是東晉的遺臣，眞是荒謬！後來終於被殺在廣州。關於他的詩，文心雕龍的明詩篇說得好：

「宋初文運，體有因革，老莊告退，而山水方滋，儷采百字之偶，價爭一句之奇。情必極貌而寫物，辭必窮力而追新。」

這幾句話，就足以說明山水文學的興起以及它的眞實內容了；所謂百字之偶，一句之奇，極貌寫物，窮力追新，都是唯美文學者對於山水風景客觀描寫的手法。用這種手法寫出來的詩文，只能得到形象刻畫的細微眞實，却缺少了自然界最重要的生命與情趣。這也就是謝靈運刻畫山水的文學與陶淵明表現自然意境的篇章，根本不同的地方。現在錄出他的幾篇代表作品，以例其餘。

入彭蠡口（漢魏六朝百三家集）

「客遊倦水宿，風潮難具論，洲島驟迴合，圻岸屢崩奔。乘月聽哀猿，浥露馥芳蓀。春晚綠野秀，巖高白雲屯。千念集日夜，萬感盈朝昏。攀崖照石鏡，牽翠入松門。三江事多往，九派理空存。靈物吝珍怪，異人祕精魂。金膏滅明光，水碧綴流溫。徒作千里曲，絃絕念彌敦。」

初去郡（漢魏六朝百三家集）

「彭薛裁知恥，貢公未遺榮。或可優貪競，豈足稱達生？伊余秉微尚，拙訥謝浮名。盧園當棲巖，卑位當躬耕。顧己雖自許，心跡猶未幷。無庸方周任，有疾象長卿。畢娶類尚子，薄遊似邴生。恭承古人意，促裝返柴荆。牽絲及元興，解龜在景平。負心二十載，於今廢將迎。理棹遄還期，遵渚騖修坰。遡溪終水涉，登嶺始山行。野曠沙岸淨，天高秋月明。憩石挹飛泉，攀林搴落英。戰勝癯者肥，鑒止流歸停。即是羲唐化，獲我擊壤情。」

歲暮（漢魏六朝百三家集）

「殷憂不能寐，苦此夜難頹。明月照積雪，朔風勁且哀。運往無淹物，年逝覺已催。」

上面三首詩中的「乘月聽哀猿，浥露馥芳蓀。春晚綠野秀，巖高白雲屯。」以及「明月照積雪，朔望勁且哀。」這些句子，可說是謝客詩中的精華，用字造句，具見功夫，觀察入微，纔能生動的表達大自然的景象。不過謝詩只有片斷的佳句，沒有整體的佳篇，而且內容又和當時的社會脫節，這是他的短處；而在當時的文壇，由於他開了唯美文學的先河，自然有他的地位，這是不可抹煞的。然而和他同時齊名的顏延之，在詩歌方面，比他卻還有一段差距。

「顏延之字延年，瑯琊臨沂人，少孤貧，好讀書，無所不覽，文章之美，冠絕當時，……

：義熙十二年，劉裕有宋公之授，延年奉使洛陽。宋少帝卽位，出爲始安太守，世祖時，進位光祿大夫。辛年七十三，雖性情偏激，好酒疏誕；然居身清約，不營財利，自潘岳陸機之後，文士莫及，江左稱顏謝。」（南史顏延之傳）

他的詩文，喜歡玩弄典故，雕琢堆砌，因而他的作品，往往陷於平板。鮑照曾經批評他的詩：「鋪錦列繡，雕繪滿眼。」不過這些瑕疵，可說是當時文人的通病。他的北使洛一章，描寫中原殘破的情形，却具有眞實的情感；文辭藻麗，深爲傅亮所賞。他的另一首詩，還至梁城作，反映出梁陳之間兵燹後的社會慘狀，這是謝詩裏找不到的。

北使洛

「改服飭徒旅，首路跼險艱。振楫發吳洲，秣馬陵楚山。塗出梁宋郊，道由周鄭間。前登陽城路，日夕望三川。在昔輟期運，經始闊聖賢。伊瀔絕津濟，臺館無尺椽，宮陛多巢穴，城闕生雲烟。王猷升八表，嗟行方暮年。陰風振涼野，飛雲瞀窮天。臨塗未及引，置酒慘無言。隱閔徒御悲，威遲良馬煩。遊役去芳時，歸來屢徂諐，蓬心旣已矣，飛薄殊亦然。」（漢魏六朝百三家集）

還至梁城作

「眇默軌路長，憔悴征戍勤。昔邁先徂師，今來後歸軍。振策睠東路，傾側不及群。息徒顧將夕，極望陳梁分，故國多喬木，空城凝寒雲。丘壠塡郛郭，銘誌滅無文。木石扃幽闥，黍苗延高墳。惟彼雍門子，吁嗟孟嘗君。愚賤同湮滅，尊貴誰獨聞？曷爲久遊客，憂念坐自殷。」（同上）

其次要談的，是劉宋時代的詩人鮑照。鮑照字明遠，宋東海（今江蘇灌雲）人；他的本傳說「始嘗謁義慶，未見知，欲貢詩言志，人止之曰：郎位尚卑，不可輕忤大王，照勃然曰：千載上有英才異士，沈沒而不聞者，安可數哉？大丈夫豈可遂蘊智能，使蘭艾不辨；終日碌碌，與燕雀相隨乎？於是奏詩，義慶奇之，賜絹二十疋。尋擢爲國侍郎，甚見知賞。」（南史鮑照傳）

可見他是一位豪爽而又自視不凡的詩人，可惜他出身寒微，因此當時門高戶重的人，對他的作品，不加重視。鍾嶸在他的詩品裏，也說他「才秀人微，故致湮當代。」這種不平的事，就是千多年後的我們，也深深的表示同情。後來他在臨海王劉子頊鎮荊州時，做前軍參軍，兼掌書記；因子頊叛變事敗，被亂兵所殺。他的作品，最好的是樂府詩。既有華美的辭藻，更有強勁的風骨；與當時一般士大夫的柔弱文風，是完全相反的。他的七言樂府，可說是替後來的七言歌行，奠定了良好的基礎。尤其是對唐代的大詩人李白，有極大的影響。他的樂府詩代表作，後世的人，都以爲是擬行路難十八首。細玩它的意旨，却是藉行路難來比喻世道的轗軻；筆觸的雄健，眞有一瀉千里之勢；例如漢魏六朝百三家集中他的行路難十八首之四：

「瀉水置平地，各自東西南北流，人生亦有命，安能行歎復坐愁？酌酒以自寬，擧杯斷絕歌路難。心非木石豈無感？呑聲躑躅不敢言！」

行路難十八首之六（漢魏六朝百三家集）

「對案不能食，拔劍擊柱長歎息。丈夫生世會幾時？安能蹀躞垂羽翼。棄置罷官去，還家自休息。朝出與親辭，暮還在親側。弄兒牀前戲，看婦機中織。自古聖賢盡賤貧，何況我輩孤且直。」

上面的兩首詩，充分表達了他格於門第，懷才不遇的一腔孤憤！也顯出了他那奔放强勁的作風。他的五言詩，雖亦間有佳篇，然而總不免於拘束晦澀，茲不具論。至於他的蕪城賦，旨在描述廣陵的盛衰；以過去的繁華，襯出當時的荒涼，形成了鮮明的對比；是一篇抒情的短賦。有人說他寫這篇賦的動機，在於說明漢代吳王濞據廣陵以叛，終於潰滅的故事，來勸阻劉子頊的妄動，當然不能說是毫無可能的。

除了上面所說的謝靈運、顏延之和鮑照以外，有宋一代的作家，值得一提的，那便是皇室的近親，臨川王劉義慶了；他手撰了有名的世說新語。這部書的體裁，似乎是筆記小說的遠祖；其內容，是自東漢歷魏至兩晉，凡高士的言行，名流的談笑，都加以錄述；分爲三十六門，恍惚體中的檀弓，韓嬰寫的韓詩外傳；現在選錄幾條，以見一斑。

「王戎云：太保（王祥）居在正始中，不在能言之流，及與之言，理中清遠，將無以德掩其言。」（世說新語德行門）

「周鎮罷臨川郡，還都未及上住，泊清溪橋，王丞相（導）往看之，時夏月，暴雨卒至，舫至狹小而又大漏，殆無復坐處，王曰：胡威之清，何以過此。卽啓用為吳興郡。」（同上）

「范宣年八歲，後園挑菜，誤傷指大啼，人問痛邪？答曰：非為痛，身體髮膚不敢毀傷，是以啼耳。宣潔行廉約，韓豫章遺絹百疋，不受；減五十疋，復不受；如是減半，遂至一疋，遂終不受，韓後與范同載，就車中裂二丈與范云：人寧可使婦無褌邪！范笑而受之。」（世說新語德行門）

「王平子胡毋彥國諸人，皆以任放為達，或有裸體者，樂廣笑曰：名敎中自有樂地，何為乃爾也。」（世說新語德行門）

「過江諸人，每至美日，輒相邀新亭，藉卉飲宴；周侯（顗）中坐而歎曰：風景不殊，正自有河山之異！皆相視流淚，唯王丞相（導）愀然變色曰：當共勠力王室，克復神州，何至作楚囚相對。」（世說新語門語門）

「夏侯湛作周詩成，示潘安仁，安仁曰：此非徒溫雅，乃別見孝悌之性；潘因此遂作家風詩。」（世說新語文學門）

「晉武帝時，荀勗為中書監，和嶠為令；故事：監令由來共車。嶠性雅正，常疾勗諂諛；後公車來，嶠便登，正向前坐，不復容勗，勗方更覓車，然後得去。監令各給車，自此始。」（世說新語方正門）

「張季鷹（翰）辟齊王東曹掾，在洛，見秋風起，因思吳中菰菜羹鱸魚膾曰：人生貴得適意爾，何能羈宦數千里，以要爵？遂命駕便歸。俄而齊王敗，時人皆謂為見機。」（世說新語識鑒門）

「山公與嵇阮一面，契若金蘭，山妻韓氏，覺公與二人異於常交。問公，公曰：我當年可以為友者，唯此二生耳。妻曰：負羈之妻，亦親觀狐趙，意欲窺之，可乎？他日，二人來，妻勸公止之宿，具酒肉，夜穿墉以視之，達旦忘反。公入曰：二人何如？妻曰：君才致殊不如，正當以識度相友耳。公曰：伊輩亦常以我度為勝。」（世說新語賢媛門）

「石崇每要客燕集，常令美人行酒；飲酒不盡者，使黃門交斬美人。王丞相（導）與大將軍（敦）嘗共詣崇。丞相素不能飲，輒自勉彊，至於沈醉，每至大將軍，固不飲以觀其變；已斬三人，顏色如故，尚不肯飲。丞相讓之，大將軍曰：自殺伊家人，何預卿事。」（

世說新語侈汰門）

論起當時文學的系統來，世說新語當然談不上是正宗，這是古代的文人們，忽視了小說價值的緣故；因爲他們認定小說是街譚巷議，不能登「大雅之堂」的作品；殊不知小說的力量，大得驚人，甚至連五經四書，還瞠乎其後哩！何況世說新語的內容，絲毫沒有誨淫誨盜的邪惡作風，而且還具有維護世道人心的作用呢？就拿劉宋時期的文壇來說，所謂文學正宗的詩賦，無非是些描摹山水、狀物寫志的作品；再說得好聽些，也不過是純文藝的唯美文學罷了。這些所謂唯美文學，如果拿「文章合爲時而著，詩歌合爲事而作」的尺度來加以衡量，那就一無足取的了。因此劉宋這一朝代的文學（包括詩賦和文章）能夠合乎上述標準的，還只有劉義慶寫的世說新語。就以上所列的十則例子來說，劉義慶對於王平子胡母彥國等人的裸體，以及「放任爲達」，同樣是持著不滿的態度的。否則他決不會錄上樂廣所說的「名教中自有樂地，何爲乃爾也」的尖刻批評了。其次是「石崇每要客燕集，常令美人行酒」這一條，不僅充分表現晉代大臣們的奢侈無度，而且也暴露了王敦那毫無人性的殘酷態度。下面錄的一條，更畫出了王導因疑心而殺了恩人的事實：

「王大将軍（敦）起事，丞相（王導）兄弟詣闕謝；周侯（顗）深憂諸王，始入（宮），甚有憂色；丞相呼周侯曰：百口委卿。周直過不應；既入（宮），諸王故在。既釋（王氏），周大悦飲酒；及出（宮），諸王故在門，周曰：今年殺諸賊奴，當取金印大如斗繫肘。後大將軍（王敦）至石頭，問丞相（王導）曰：周侯可為三公不？丞相不答；又問可為尚書令不？又不應；因云：如此唯當殺之耳，復默然。逮周侯被害，丞相後知周侯救己，歎曰：我雖不殺伯仁（周顗字），伯仁由我而死！幽冥中負此人。」（世說新語悔尤門）

這一條故事，刻畫出王導的疑心，終於殺害了保全王氏一族生命的恩人周顗，所謂恩將讎報，實在離恕道太遠了。然而劉義慶却沒有加上任何的批評，而閱讀世說新語的人，誰都明白曲在王導；這種啓示的手法，無形中糾正了後世許多人邪曲的疑心！他對於後世貢獻，實在不是那些描摹山水、狀物寫志的唯美正宗文學，所能望其項背的。所以我把世說新語，列爲劉宋一代唯一具有要價值的著作。

五、齊梁文學的軌迹

齊梁兩朝的政治壽命，綜合起來，恰好是八十年。（齊二十四年，梁五十六年）。因爲統治的時間短促，在政治方面，也全是繼承了晉宋的遺緒；不過在文學的思想上和技巧上，却稍微有些不同了。所謂不同的地方，又在那裏呢？簡單的說，就是齊梁兩朝的士大夫們，在思想上除了因襲晉宋的老莊玄學以外，又進一步提倡了更高深的佛學理論（齊明帝、梁武帝都是佛徒）；因而形成了較之晉宋兩代更加違離人生的傳統道德；影響所及，一般社會風氣（尤其是佛、道兩教）就更加虛浮淫靡了。這些現象，可從梁武帝時郭祖深的疏文中看出來，他說：

「都下佛寺五百餘所，家極宏麗；僧尼十餘萬，資產豐沃。……道人又有白徒，尼則皆養女，養女皆服羅紈，其蠹俗傷法，抑由於此。」（南史卷七拾）

荀濟上書武帝也說：

「僧妖佛僞，姦詐爲心。墮胎殺子，昏淫亂道。」（廣弘明集）

從這兩段話看來，就可推想當時的社會情形如何了。至於世族（門第）的崇仰，與晉宋毫無二致；因此在歷史上，這一時期的貳臣，比比皆是！這便是齊梁兩代士大夫們的風氣。不過，在南齊這一時期，對後世文學的推進，卻有些微的貢獻的，那就是聲律的興起。它雖不能恢弘世道，綱紀人倫，然而使漢魏以來的詩體改觀，聲韻協暢，卻是事實，所以不忍心把它汨沒。誰都知道，中國文字的特點，是獨立和單音；因爲獨立，宜於講對偶；因爲單音，宜於講音律；一字一句的對偶，早在漢、魏、晉代的王褒張衡王粲陸機們，就已經開端了，纔演成六朝駢儷文體盛極一時的風氣；而且對於音律，也在曹魏時代的李登，有過聲類十卷的著作，（見隋書經籍志，今佚。）晉世呂靜曾倣照聲類作韻集五卷，分宮商角徵羽各爲一篇。大概魏晉兩代，對於聲律的研究，止於五音分韻，還沒有四聲的名稱；到了宋齊，由於轉讀佛經的關係，爲了達到用中國語言，傳達美妙梵音的目的，發明了使用二字反切的方法，於是聲律之學興起了。而竟陵八友中的王融、謝朓，都注意聲韻的講求，沈約更作四聲譜，同時代的周顒，也著了四聲切韻；四聲的名稱，纔算是確立了。自從反切風行，聲律的分辨，就更趨於精確；四聲發明後，同時把它運用到文學上去，因而詩文的韻律，也逐漸形成了；平仄的講求，也更加的周密；構成了永明體的新體詩和四六文句，使當時的作品，耳目一新，這却是無可否認的事實。這一變局，尤其是詩的方面，開了輝映千古，盛極一時的唐詩先河。齊粱兩代，俊彥特多，而有名的詩人，首推謝朓。

「謝朓字玄暉，陳郡陽夏人也，祖父述吳興太守，父緯散騎侍郎；朓少好學，有美名，文章清麗，解褐豫章王太尉行參軍，………高宗輔政，以朓為驃騎諮議領記室，掌霸府文筆，又掌中書詔誥，除秘書丞未拜，仍轉中書郎，出為宣城太守；………啓王敬則反謀，上甚嘉賞，遷尚書吏部郎。」（南齊書謝朓傳）

後來因反對遙光江祏等謀廢東昏侯，被捕下獄死，年僅三十六。他的詩和宋代的謝靈運風格相同，都長於寫景，如他的之宣城郡出新林浦向板橋：

「江路西南永，歸流東北騖。天際識歸舟，雲中辨江樹。旅思倦搖搖，孤遊昔已屢。既歡懷祿情，復協滄洲趣。囂塵自茲隔，賞心於此遇。雖無玄豹姿，終隱南山霧。」（漢魏六朝百三家集）

就以這首詩而論，除了第一二兩句寫遠景，三四兩句寫近景外，更因觸景生情，道出了既懷祿又慕隱的矛盾心情。又如他的晚登三山還望京邑。

「灞涘望長安，河陽視京縣。白日麗飛甍，參差皆可見。餘霞散成綺，澄江靜如練。喧鳥覆春洲，雜英滿芳甸。去矣方滯淫，懷哉罷歡宴。佳期悵何許，淚下如流霰。有情知望鄉，誰能鬒不變。」（漢魏六朝百三家集）

這首詩寫出了登高望遠的情景，自壯麗的宮廷，澄碧的長江，到洲渚的花鳥，都活躍在紙上。尤其是這首詩裏的「餘霞散成綺，澄江靜如練」一聯，極度受到後世人的推崇；唐代的詩人李白，曾予以最高的評價。不過他的詩，常常起句氣魄奇偉，足以籠罩全篇，而後勁不繼，頗有虎頭蛇尾之態；與其說這是他的優點，毋寧說是他的缺點。如暫使下都夜發新林至京邑贈西府同僚詩，就是一個例證：

「大江流日夜，客心悲未央。徒念關山近，終知路返長。秋河曙耿耿，寒渚夜蒼蒼。引領見京室，宮雉正相望。金波麗鳷鵲，玉繩低建章。驅車鼎門外，思見昭丘陽。馳暉不可接，何況隔兩鄉，風雲有鳥路，江漢限無梁。常恐鷹隼擊，時菊委嚴霜。寄言罻羅者，寥廓已高翔。」（漢魏六朝百三家集）

總之，他的詩是以客觀的寫法，却能表達主觀的情趣；雖然有虎頭蛇尾的缺點，但較之謝靈運的過於客觀，而缺乏作者的個性，當然要高明得多了；就以齊梁時期的詩人來說，著名的竟陵八友中，聲譽最高的，首推沈謝，然而沈約在詩的成就方面，是趕不上謝朓的，何況他的詩，影響遠及於唐代的李白杜甫王維諸人呢？可見他的獨步一時，並不是偶然的。

沈約也是齊梁詩人中的佼佼者，和謝朓齊名。他的本傳稱：

「約吳興武康人也，祖林子，宋征虜將軍，父璞淮南太守，於元嘉末誅死；約幼潛竄，會赦得免罪，而流寓孤貧，篤志好學，……遂博通群籍，善屬文。……約歷事三代（宋齊梁），……自負高才，昧於榮利，乘時射勢，頗累清談；及居端揆，稍弘止足，每進一官，輒殷勤請退，而終不能去；論者方之山濤，用事十餘年，未嘗有所薦達，政之得失，唯唯而已。」（南史沈約傳）

他做過劉宋的尙書度支郎，齊朝的御史中丞和吏部郎通直散騎常侍，可說是三朝政界的不倒翁！他和王融謝朓陸倕范雲任昉蕭琛蕭衍同遊於竟陵王蕭子良的門下，時人稱爲竟陵八友。入梁後，更是一帆風順，做到尙書左僕射，領中書令；尋遷尙書令，領太子少傅，封建昌縣侯。每換一個朝代，他的官爵也就跟著高陞，其缺乏氣節、熱中利祿，於此可見；對於政事的得失，人才的擧用，更是一片空白，可說是個不負責任的標準人物了。

他的詩，雖不及謝朓的秀麗清新，然而狀物寫志，頗能婉轉道出，還不失是當時的上選。他的新安江至清淺深見底貽京邑遊好篇就是一例：

「眷言訪舟客，茲川信可珍。洞徹隨清淺，皎鏡無冬春，千仞寫喬樹，百丈見游鱗。滄滄有時濁，清濟涸無津。豈若乘斯去，俯映石磷磷。紛吾隔囂滓，寧假濯衣巾。願以潺湲水，沾君纓上塵。」（漢魏六朝百三家集）

另外他的送別友人，也是深具感情的一首好詩：

「君東我亦西，銜杯涕如霰。浮雲一南北，何由展言宴。方作異鄉人，贈子同心扇。遙裔發海鴻，連翻出檐燕。春秋更去來，參差不相見。」（漢魏六朝百三家集）

其次便是他對於聲律的貢獻了，南史陸厥傳裏有一段這麼說：

「永明時，盛為文章，吳興沈約、陳郡謝朓、瑯琊王融以氣類相推轂，汝南周顒，善識聲韻。約等文皆用宮商，將平上去入四聲，以此制韻；有平頭上尾蜂腰鶴膝，五字之中，宮商悉異；兩句之內，角徵不同；不可增減，世呼為永明體。」

這是沈約們發明聲律的一個旁證。至於聲律中所謂四聲八病（平頭上尾蜂腰鶴膝大韻小韻旁紐正紐）之說，固然是調和平仄，講究韻律，有助於詩歌的進步。但是由於聲律說的興起，使詩歌內在淳樸美，遭受了限制和破壞，形成了雕琢堆砌的形式主義；不能不說是對文學的一種斲喪。而沈約本傳的末段說：「又譔四聲譜，以爲在昔詞人，累千載而不悟，而獨得胸衿，窮其妙旨，自謂入神之作。」未免過於誇張了。

現在要談的，是梁武帝蕭衍和他兒子蕭統（昭明太子）、蕭綱（簡文帝）、蕭繹（元帝）父子四人了。他們都有絕高的秉賦，才華也非常的特出，不僅博覽群書，而且精通道釋兩家的哲理（梁武帝是位極虔誠的佛徒）；歷史上的人物，只有曹操父子，差可比擬；不過他們有一個共同的缺點，就是偏愛寫作色情方面的詩歌；當時的所謂宮體，也就是由他們父子四人倡導和完成的。例如梁武帝的子夜歌二首，就是典型的色情歌曲：

「恃愛如欲進，含羞未肯前，朱口發艷歌，玉指弄嬌絃。」（漢魏六朝百三家集）

「朝日照綺窗，光風動紈羅。巧笑倩兩犀，美目揚雙娥。」（漢魏六朝百三家集）

又如他的戲作：

「宓妃生沼浦，遊女出漢陽。妖閑逾下蔡，神妙絕高唐。綿駒且變俗，王豹復移鄉。況茲集靈異，豈得無方將。長袂必留客，清哇咸繞梁。燕趙羞容止，西施慚芬芳。徒聞殊可弄，定自泛明璫。」（漢魏六朝百三家集）

他搜集了宓妃留枕、漢皋解珮、迷下蔡、夢高唐的色情典故，眞可說是一首字句美化的淫詩了。

至於昭明太子蕭統，在他們父子四人中，操行是最好的，然而也免不了色情詩的寫作。他的美人晨粧就是一例：

「北窗向朝鏡，錦帳復斜縈。嬌羞不肯出，猶言粧未成。散黛隨眉廣，臙脂逐臉生。試將持出衆，定得可憐名。」（漢魏六朝百三家集）

談到簡文帝蕭綱的詩，那就更不像話了；雖然歷史上的記載，沒有說他怎樣荒淫；但若對他的作品略加檢視，就可斷定他是一個色鬼了！因爲言爲心聲，心中沒有邪念，是寫不出淫詩來的。茲舉他的詠內人晝眠一首，便可看出全是色情、肉感的描寫了：

「北窗聊就枕，南簷日未斜。攀鉤落綺障，插捩舉琵琶。夢笑開嬌靨，眠鬟落花。簟文生玉腕，香汗浸紅紗。夫婿恒相伴，莫誤是倡家。」（漢魏六朝百三家集）

他的詩，不僅是描寫女人，還描寫男色，例如他的孌童詩就是一例：

「孌童嬌麗質，踐董復超瑕。羽帳晨香滿，珠簾夕漏賒。翠被合鴛色，雕床鏤象牙。妙年同小史，姝貌比朝霞。袖裁連壁錦，牋織細橦花。攬袴輕紅出，迴頭雙鬢斜。嬾眼時含笑，玉手乍攀花。懷情非後釣，密愛似前車。定使燕姬妒，彌令鄭女嗟。」（漢魏六朝百三家集）

這首詩，外面粉飾了一層美麗的表皮，而內在卻充滿了不堪的汚穢！簡直把詩的情韻，毀滅無餘！實在是一首最惡劣的淫詩！也是色情文學墮落的表現。

關於梁元帝蕭繹，他的作品，本來就不多，然而也沒有脫離色情的範疇；單單他的夕出通波閣下觀妓、代舊姬有怨、戲作艷詩、閨怨等詩題來看，就可以明白它的內涵了。茲錄和林下詠姬應令一首，以概其餘。原詩是：

「日斜下北閣，高宴出南榮。歌清隨澗響，舞影向池生。輕花亂粉色，風篠雜絃聲。獨念陽臺下，願待洛川笙。」（漢魏六朝百三家集）

梁武帝父子，都是才華出衆，領袖文壇的人物；他們不僅漠視了文學影響世道人心的嚴重後果，而且以帝王之尊，對於敗德的色情文學，大力加以倡導；所謂「上有所好，下必有甚焉者。」自然是風動草偃，形成一條不可遏止狂流。尤其是簡文帝蕭綱，手創了描寫肉感的宮體淫詩，更是每下愈況了。雖然昭明太子的為人和作品，是他們父子中最莊重而又最篤厚的，可惜壽命太短！試想，以半壁河山的梁朝，和魏晉宋齊幾代相承的淫靡頹廢的社會風氣，再加上倡導色情肉感文學的蕭氏父子做皇帝，想求國祚長遠，豈不是癡人說夢嗎？

其餘的文士，如任昉彥昇、江淹文通等，都是名震遐邇的人物。不過任昉的長處，是當時的所謂文筆，也就是大家通稱的文章；詩賦雖然能做，却遠不如謝脁沈約了。關於這一點，在南史沈約傳裏，有一段很恰當的評論說：

「謝玄暉善為詩，任彥昇工于文章，約兼而有之，然不能過也。」

可見任昉的文章，是有其崇高的地位的。至於江淹，雖然詩和文章的造詣，都到了很高的地步；但他的作品，夠得上傳世的，却是恨賦和別賦；這兩篇賦，是把歷史上各式各樣的人物的愁恨和別離的情緒，加以精細的刻畫，勾出種種不同的心理狀態來，可算是齊梁兩代的辭賦中，獨步一時的傑作了。

他如范雲、何遜、陰鏗、徐陵諸人，或對促成律詩，多所貢獻；或因佐興帝業，名重當時；或以詩賦清濁適中，見賞鉅匠；或著消閒妙作，因而保存了很多的樂府民歌；然而都離不了浪漫浮靡的範圍，對於世道人心，毫無作用，也就只好從略了。

至於膾炙人口的六朝小品文，在有梁一代，值得一談的，只有吳均。雖然同時擅長小品文的，還有蕭方、陶弘景、劉峻等，但都不如他。現在把他的與宋元思書錄在後面：

「風煙俱淨，天山共色。從流飄蕩，任意東西；自富陽至桐廬，一百里許，奇山異水，天下獨絕。水皆縹碧，千丈見底，游魚細石，直視無礙；急湍甚箭，猛浪若奔。」

「嶂高山，皆生寒樹，負勢競上，互相軒邈，爭高直指，千百成峰。泉水激石，泠泠作響，好鳥相鳴，嚶嚶成韻，蟬則千囀不窮，猿則百叫無絕。鳶飛戾天者，望峰息心；經綸世務者，窺谷忘反；橫柯上蔽，在晝猶昏；疎疎交映，有時見日。」（古今名家尺牘）

他的文筆瀟灑，極有姿致；而描寫山光水色，眞到了如畫如詩的境地；再加上他那高雅的意境：使人讀了，大有飄飄欲仙的感覺。

接著要談的，是這一時代兩位傑出的詩文批評家—鍾嶸和劉勰。他們同樣是反對當時玄風和那老莊之學的。鍾嶸所作的詩品，較後於劉勰的文心雕龍約五十年，這一點，從他的詩品序中：「今所寓言，不錄存者」兩句話，就可以推論出來，因爲詩品裏，評論梁代的詩人甚多，沈約就是其中的一位，沈卒於梁武帝天監十二年，可見詩品的完成，至少是天監十二年以後的事了。而文心雕龍係作於齊代，確實的年月，雖不可考，但早於詩品半世紀，似乎是可信的。

至於本文先談詩品，是因爲詩品的內容比較簡單，僅祇評論詩章的緣故；這是不能不加以說明明。

鍾嶸字仲偉，是潁川長社人，生於齊代，卒於梁敬帝承聖元年，因爲他做過晉安王的記室，所以世人都稱他爲鍾記室。他的作品原名詩評，隋書經籍志兼稱詩和詩評，到現在却只知道詩品了。詩品這部書的主要內容是：

他把自漢朝到梁代的一百多位詩人，以他個人的意思，加以品評，而定其優劣；分爲上中下三品。例如他把曹操列爲下品，曹丕、劉琨、郭璞、陶潛、鮑照、謝朓等列爲中品，劉楨却列爲上品，都是不能原諒的武斷。清朝的王士禎就曾經在漁洋詩話裏批評道：

「楨之視植，豈但斥鷃之與鯤鵬，他如上品之陸機、潘岳，宜在下品，中品之劉琨、郭璞、陶潛、鮑照、謝朓、江淹，下品之魏武（卽曹操），宜在上品，下品之徐幹、謝莊、王融、帛道猷、湯惠休，宜在中品。」

王漁洋的議論，雖不能作爲定評，但以曹操的雄渾遒勁，劉琨的哀感峻拔，陶潛的恬澹沖遠，應當位居上品，實在是不可移易的了。詩品的另一個缺點，便是揭櫫國風、小雅和楚辭，作爲五言詩的三大泉源；於是他認定王粲的作品，源出於楚辭，曹植劉楨源出於國風，阮籍源出於小雅；須知國風和小雅，本來就分不開；楚辭在表面上看，雖然有些不同，但內容的溫柔敦厚，和詩經是沒有什麼區別的；他更漠視了建安時代詩人們的一致作風；硬說某人出於國風，某人出於楚辭，某人出於小雅，實在是太牽强了。何況五言詩源出於兩漢的樂府，進而形成無名氏古詩十九首一類的作品；以後由於做詩的人多了，技巧也逐漸進步；自然談不上某人是源出於國風、小雅或楚辭的了。但是他在各家的作品之下，時有扼要的評語，以指出它的精美或弊病，這却是詩品最好的部份。其次，是反對聲病：他認爲詩歌只應注意自然的聲律，以達到和諧悅耳的程度；倘若加上人爲的聲律，來限制詩歌的創作，詩歌便成了聲韻的奴隸，大大的斵喪了詩歌的自然美！他說：「嘗試言之，古曰詩頌，皆被之金竹，故非調五音，無以諧會。若『置酒高堂上』，『明月照高樓』爲韻之首。故三祖之詞，文或不工，而韻入歌唱，此重音韻之義也，與世之言宮商者異矣；今既不被管絃，亦何取於聲律耶？」可見他對於詩歌，重的是自然音律，而人爲的四聲八病，「襞積細微，專相陵架」，致使詩多拘忌，傷害眞美，實在毫無意義。同時他又反對在詩歌裏用典，主張抒寫情感和自然的白描。尤其値得一提的，是他反對當時的玄風；莊老之學，魏晉以來，已經風靡社會，因而詩歌也趨向了玄虛與說理，形成枯淡無味的歌訣。所以他在詩品序裏說：

「永嘉時，貴黃老，稍尚虛談，於時篇什，理過其辭，淡乎寡味，爰及江表，微波尚傳。孫綽、許詢、桓庾諸公詩，皆平典似道德論，建安風力盡矣。」

試想詩歌是涵泳性靈的，如果形成了道德論式說理的文章，或是佛經裏的偈語，那還有什麼風力可言呢？以上都是詩品成爲批評文學方面重要文獻的要素。

至於劉勰所著的文心雕龍，更是一部範圍廣泛，對於文體的流別，作品的批評，以及創造的方法都討論到了的巨著。按南史劉勰本傳的記載：

「劉勰字彥和，東莞莒人也，父尚，越騎校尉，勰早孤，篤志好學，家貧不婚娶，依沙門僧祐居；遂博通經論，因區別部類，錄而序之，定林寺經藏，勰所定也。梁天監中，兼東宮通事舍人。……遷步兵校尉，……深被昭明太子愛接。初，勰撰文心雕龍五十篇，論古今文體，……旣成，未為時流所稱；勰欲取定於沈約，無由自達，乃負書候約於車前，狀若貨鬻者；約取讀，大重之。……敕與慧震沙門於定林寺撰經，證功畢，遂求出家，先燔鬢髮自誓。乃變服易名為慧地云。」

可見他寫文心雕龍的時候，當時的文壇，他還沒有地位；等到他負書干沈約於車前，深受讚賞，常置案頭以後，文心雕龍纔爲世人所稱道。而他寫文心雕龍的動機，不僅是反對齊梁時代的綺靡文學，尤其對於因綺靡文學而形成道德普遍墮落的士大夫風氣，更加憎惡；所以他本著儒家的立場，想致力來扭轉浮薄的文風，移易社會的習尚，使之歸於平實的坦途，關於這一點，他在文心雕龍的序志篇裏說：

「夫宇宙綿邈，黎獻紛雜，拔萃出類，智術而已。歲月飄忽，性靈不居，騰聲飛實，制作而已。夫有肖貌天地，稟性五才，擬耳目於日月，方聲氣乎風雷，其超出萬物，亦已靈矣。形同草木之脆，名踰金石之堅，是以君子處世，樹德建言，豈好辯哉？不得已也。」

他的思想，受儒家的影響極深；雖然本傳說他長於佛理，可是在文心雕龍這部書裏，却沒有半點佛理的影子；完全是以儒家的理論，來從事文學批判的。尤其他那嚮往孔子，推崇經學的心情，在文心雕龍的序志篇裏寫得非常的明顯，他說：

「予生七齡，乃夢彩雲若錦，則攀而採之。齒在踰立，則嘗夜夢執丹漆之禮器，隨仲尼而南行；旦而寤，迺怡然而喜。大哉聖人之難見哉！乃小子之垂夢歟！自生人以來，未有如夫子者也。」同一篇裡他又說：

「敷讚聖旨，莫若注經；而馬鄭諸儒，宏之已精；就有深解，未足立家，唯文章之用，實經典枝條，五體資之以成，六典因之致用；君臣所以炳煥，軍國所以昭明，詳其本原，莫非經典；而去聖久遠，文體解散，辭人愛奇，言貴浮詭，飾羽尚畫，文繡鞶帨，離本彌甚，將遂訛濫。蓋周書論辭，貴乎體要；尼父陳訓，惡乎異端。辭訓之異，宜體於要，於是搦筆和墨，乃始論文。」

可見他是如何的景仰孔聖，推崇經學的了。尤其是他的文學觀點，認為天地間的至文，都是秉乎性靈而法乎自然的；而他的所謂自然，便是天地萬物自然依循的大道。所以他在文心雕龍的原道篇裏說：

「文之為德也大矣！與天地並生者何哉？夫玄黃色雜，方圓體分，日月疊璧，以垂麗天之象；山川煥綺，以鋪理地之形；此蓋道之文也。仰觀吐曜，俯察含章，高卑定位，故兩儀既生矣，惟人參之。性靈所鍾，是謂三才，為五行之秀，實天地之心。心生而言立，言立而文明，自然之道也。傍及萬品，動植皆文，龍鳳以藻繪呈瑞。虎豹以炳蔚凝姿；雲霞雕色。有踰畫工之妙；草木賁華，無待錦匠之奇。夫豈外飾，蓋自然耳。至於林籟結響，調如竽瑟；泉石激韻，和若球鍠。故形立則章成矣，聲發則文生矣。」

他又透徹地說明了道是聖人發現的，所以聖人體察大道以創文學；聖人又用所創的文學來闡明大道。他又在同一篇裏說：

「爰自風姓，暨於孔氏，玄聖創典，素王述訓，莫不原道心以敷章，研神理而設教；取象乎河洛，問數乎蓍龜；觀天文以極變，察人文以成化；然後能經緯區宇，彌綸彝憲，發揮事業，彪炳辭茲。……日用而不匱。易曰：『鼓天下之動者存乎辭。』辭之所以能鼓天下者，迺道之文也。」

由於聖人發現了道，就用六經來闡述它；於是六經形成了知識的木本水源。他在文心雕龍的宗經篇裏這樣說：

「夫易惟談天，入神致用。故繫稱旨遠辭文，言中事隱，韋編三絕，固哲人之驪淵也。書實紀言，而訓詁茫昧；通乎爾雅，則文意曉然。故子夏歎書，昭昭若日月之明，離離如星辰之行，言昭灼也。詩主言志，訓詁同書，摛風裁興，藻辭譎喻，溫柔在誦，故最附深衷矣。禮以立體，據事剬範，章條纖曲，執而後顯，採掇片言，莫非寶也。春秋辨理，一字見義；五石六鷁，以詳略成文；雉門兩觀，以先後顯旨。其婉章志晦，諒以邃矣。尚書則覽文如詭，而尋理卽暢；春秋則觀辭立曉，而訪義方隱；此聖人之殊致，表裏之異體者也。至根抵槃深，枝葉峻茂，辭約而旨豐，事近而喻遠。是以往者雖舊，餘味日新，後進追取而非晚，前修文用而未先。可謂太山徧雨，河潤千里者也。」

他又在同一篇裏，把當時的各種文體，歸納到五經系統裏去。他說：

「故論、說、辭、序，則易統其首；詔、策、章、奏，則書發其源；賦、頌、謌、讚，則詩立其本；銘、誄、箴、祝，則禮總其端；紀、傳、移、檄，則春秋為根。並窮高以樹表，極遠以啓疆，所以百家騰躍，終入於環內者也。若稟經以製式，酌雅以富言，是仰山以鑄銅，煑海而為鹽也。」

他更把文學宗經的妙用，具體地加以說明。他繼續說：

「故文能宗經，體有六義。一則情深而不詭，二則風清而不雜，三則事信而不誕，四則義直而不回，五則體約而不蕪，六則文麗而不淫。揚子比雕玉以作器，謂五經之含文也。」

他對於文學宗經的結論，是勵德師聖，正末歸本。所以他說：

「夫夫以行立，行以文傳，四教所先，符采相濟。勵德樹聲，莫不師聖；而建言脩辭，鮮克宗經。是以楚豔漢侈，流弊不還，正末歸本，不其懿歟！」

他這部文心雕龍，原道和宗經兩篇，可算是全書的總綱；雖然還有徵聖和正緯兩篇，覈其內容，徵聖與宗經，意旨是完全一致的；所以清河間紀昀評論徵聖篇說：

「此篇却是裝點門面語，推到究極，仍是宗經。」（文心雕龍清黃叔琳輯註附載紀昀評本）

眞是確論。至於正緯，可說是他極力闢斥纖緯圖籙虛僞的一篇力作。他說：

「夫六經彪炳，而緯候稠疊；孝論昭晢，而鈎讖葳蕤；按經驗緯，其僞有四：蓋緯之成經，其猶織綜，絲麻不雜，布帛乃成。今經正緯奇，倍摘千里，其僞一矣。經顯，聖訓也；緯隱，神教也。聖訓宜廣，神教宜約；而今緯多於經，神理更繁；其僞二矣。有命自天，迺稱符讖，而八十一篇，皆托於孔子；則是堯造籙圖，昌制丹書，其僞三矣。商周以前，圖籙頻見，春秋之末，群經方備。先緯後經，體乖織宗，其僞四矣。僞既倍摘，則義異自明，經足訓矣，緯何豫焉。」（文心雕龍正緯篇）

讖緯的妄誕，在今天是不值一辯的；但在南北朝時，却可說是劉勰的特點，何況他的闢斥讖緯，用意全在宗經，就更顯出他的價值來了；這是我要特別一提的。

從辨騷到書記二十一篇，是推究各種文體的源流和批評前人作品優劣的。他把文體分爲經、緯、騷、詩、樂府、賦、頌、讚、祝、盟、銘、箴、誄、碑、哀、弔、對問、七連珠、諧隱、史、傳、諸子、論、說、詔、對、檄、移、封禪、章、表、奏、啓、議、對、書記等三十餘種；比前古任何人的分類，都要來得精密。

他的後二十五篇，除志序篇外，都是討論文學的原理，以及建立文學批評要點的文章；例如批評家的修養、態度，文藝批評的標準，全提出了很有系統的意見。關於上述各點，中國文學發達史（中華書局版），已有詳細的分析和說明，似乎沒有贅述的必要；只好不談了。不過文心雕龍還有一點，是值得我們重視的，那就是時序篇。因爲他認爲文學的產生，文風的丕變，不僅是決定於作者的文學天才，而政治宗教、學術思想、風氣以及社會環境，都有極大的關係。他在時序篇裏描寫政治影響的情況說：

「時運交移，質文代變，古今情理，如可言乎！昔在陶唐，德盛化鈞，野老吐何力之談，郊童含不識之歌。有虞繼作，政阜民暇，薰風詩於元后，爛雲歌於列臣；盡其美者，何乃心樂而聲泰也。至大禹敷土，九序詠功；成湯聖敬，猗歟作頌。逮姬文之德盛，周南勤而不怨；大王之化淳，邠風樂而不淫；幽厲昏而板蕩怒，平王微而黍離哀；故知歌謠文理，與世推移，風動於上，而波震於下者。」

他又在同一篇裏描述學術風氣影響文學的情形說：

「春秋以後，角戰英雄，六經泥蟠，百家飇駭。方是時也，韓魏力政，燕趙任權，五蠹六蝨，嚴於秦令。唯齊楚兩國，頗有文學。齊開莊衢之第，楚廣蘭臺之宮，孟軻賓館，荀卿宰邑，故稷下扇其清風，蘭陵鬱其茂俗；鄒子以談天飛譽，騶奭以雕龍馳響；屈平聯藻於日月，宋玉交彩於風雲，觀其豔說，則籠罩雅頌，故知暐燁之奇意，出乎縱横之詭俗也。」

他對於社會風氣，以及宗教的影響文學，也在同篇中作了這樣的描寫：

「自獻帝播遷，文學蓬轉，建安之末，區宇方輯。魏武以相王之尊，雅愛詩章；文帝以副君之重，妙善辭賦，陳思以公子之豪，下筆琳瑯，並體貌英逸，故俊才雲蒸。仲宣委質於漢南，孔璋歸命於河北，偉長從宦於青土，公幹徇質於海隅，德璉綜其斐然之思，元瑜展其翩翩之樂；文蔚休伯之儔，于叔德祖之侶，傲雅觴豆之前，雍容衽席之上，灑筆以成酣歌，和墨以藉談笑，觀其時文，雅好慷慨。良由世積亂離，風衰俗怨，並志深而筆長，故梗概而多氣也。」

「逮晉宣始基，景文克構，並沈跡儒雅，而務深方術。至武帝維新，承平受命，而膠序篇章，弗簡皇慮；降及懷愍，綴旒而已。然晉雖不文，人才實盛。茂先搖筆而散珠，太冲動墨而橫錦，岳湛曜聯璧之華，機雲標二俊之采，應傅三張之徒，孫摯成公之屬，並結藻清英，流韻綺靡，前史以為運涉季世，人未盡才，誠哉斯談，可為歎息！」（文心雕龍時序篇）

「……自中朝貴玄，江左稱盛，因談餘氣，流成文體。是以世極迍邅，而辭意夷泰；詩必柱下之旨歸，賦乃漆園之義疏。故世文變染乎世情，興廢繫乎時序，原始以要終，雖百世可知也。」（文心雕龍時序篇）

總之，他不僅能從歷代政治變遷的情形，學術界想的微妙，社會環境的現象，來看文學的轉變、興衰以及發展的軌迹；而且還揭舉原道和宗經來反抗當時的清談玄風，這種魄力，確實夠得上是當時文壇空前卓越的人物了。接著要談的。是仕梁做散騎侍郎，因梁亡被俘入西魏而奔仕北齊、北周，終於隋朝的顏之推。他的出仕北朝，是由於國亡家破，身不由己。（與他的情況相類似的，還有庾信。）關於這一點，明末的顧炎武批評得最恰當。他說：

「頃讀顏氏家訓有云，齊朝一士大夫，嘗謂吾曰：「我有一兒年已十七，頗曉書疏。教其鮮卑語及彈琵琶，稍欲通解。以此伏事公卿，無不寵愛。」吾時俯而不答。異哉此人之教子也！若由此業自致卿相，亦不願汝曹為之。嗟乎！之推不得已而仕於亂世，猶為此言，

尚有小宛詩人之意，彼閹然媚於世者，能無愧哉？」（日知錄廉恥）

眞是原心的確論。他的身世，北齊書本傳的記載是這樣的：

「顏之推字介，琅邪臨沂人也。……父勰，梁湘東王繹鎮西府諮議參軍。世善周官、左氏學，之推早傳家業；年十二，值繹自講莊老，便預門徒；虛談非其所好，還習禮傳，博覽群書，無不該洽，詞情典麗，甚為西府所稱，繹以為其國左常侍，加鎮西墨曹參軍。……景（侯景）平還江陵，時繹（梁元帝）已自立，以之推為散騎侍郎。」

後來由於江陵被西魏攻陷，之推輾轉逃往北方，仕北齊官中書舍人、黃門侍郎，齊亡入周，爲御史上士，隋開皇中太子召爲學士，甚見禮重，不久就病死了。有文三十卷，家訓二十篇並行於世。

由於他們父子兩代仕梁，所以他的詩，自然離不了唯美文學的習氣，這裡不再抄錄。至於他的名著顏氏家訓，却是以人倫爲重的儒家思想，旨在敎訓子孫如何處世做人。他在教子第二中說：

「子生咳㖇（一作孩提），師保固明，仁孝禮義導習之矣。凡庶縱不能爾，當及嬰稚，識人顏色，知人喜怒，便加教誨，使為則為，使止則止；比及數歲，可省笞罰；父母威嚴而有慈，則子女畏慎而生孝矣。吾見世間無敎而有愛，每不能然，飲食運為，恣其所欲；宜誡翻獎，應訶反笑！至有識知，謂法當爾。驕慢已習，方復制之，捶撻至死而無威，忿怒日隆而增怨；逮於成長，終為敗德。孔子云：少成若天性，習慣如自然是也。俗諺曰：教婦初來，教兒嬰孩。誠哉斯語。」（顏氏家訓教子篇）又說：

「人之愛子，罕亦能均，自古及今，此弊多矣。賢俊者，自可賞愛；頑魯者，亦當矜憐；有偏寵者，雖欲以厚之，更所以禍之！共叔之死（指春秋鄭莊公弟），母實為之；趙王之戮（指漢高祖子趙王如意），父實使之；劉表之傾宗覆族，袁紹之地裂兵亡，可謂靈龜明鑑矣。」（顏氏家訓教子篇）

上面的兩段，把天下的父母們，祇知溺愛而不知教訓兒女的後果，透徹的說了出來。他又在兄弟第三中說：

「夫有人民而後有夫婦，有夫婦而後有父子，有父子而後有兄弟；一家之親，盡此三而已矣。自茲以往，至于九族，皆本於三親焉！故於人倫為重者也，不可不篤。兄弟者，分形連氣之人也。方其幼也，父母左提右挈，前襟後裾，食則同案，衣則傳服，學則連業，遊則共方，雖有悖亂之行，不能不相愛也。及其壯也，各妻其妻，各子其子，雖有篤厚之行，不能不少衰也。娣似之比兄弟，則疏薄矣。今使疏薄之人，而節量親厚之恩，猶方底而圓蓋，必不合矣。惟友悌深至，不為傍人之所移者，免夫。」（顏氏家訓兄弟篇）

他說明了兄弟是三親之一，更強調兄弟是分形連氣之人！也暗示了兄弟的不和，都是由於娣姒本來疏薄的緣故。他在治家第五中說：

「夫風化者，自上而行於下者也，自先而施於後者也。是以父不慈則子不孝，兄不友則弟不恭，夫不義則婦不順矣。父慈而子逆，兄友而弟傲，夫義而婦陵，則天之凶民；乃刑戮之所攝，非訓導之所移也。笞怒廢於家，則豎子之過立見；刑罰不中，則民無所措手足！治家之寬猛，亦猶國焉。孔子曰：奢則不孫，儉則固；與其不孫也寧固。又云：如有周公之才之美，使驕且吝，其餘不足觀也已。然則可儉而不可吝也。儉者，省約為禮之謂也；吝者，窮急不卹之謂也。今有奢則施，儉則吝；如能施而不奢，儉而不吝可矣。」（顏氏家訓治家篇）

他指出治家，要從長輩著手。因爲父不慈，子便不孝；兄不友，弟就不恭；夫不義，妻又如何會順？對人處事方面，要做到肯施予而自己不奢侈，自己節儉而對人不吝嗇。他在風操第六中說：

「吾觀禮經，聖人之教，箕箒七箸，咳唾唯諾，執燭沃盥，皆有節文，亦為至矣。但既殘缺，非復全書；其有所不載，及世事變改者，學達君子，自為節度，故世號士大夫風操。」

他又在同篇中又說：

「禮云：忌日不樂，正以感慕罔極，愴惻無聊，故不接外賓，不理衆務爾；必能悲慘自居，何限於深藏也。世人或端坐奧室，不妨言笑，盛營甘旨，厚供齋食！迫有急卒，密戚至交，盡無相見之理；蓋不知禮意乎？」又說：

「四海之人，結為兄弟，亦有何容易？必有志均義敵，令終如始者，方可議之。一爾之後，命子拜伏，呼為丈人；申父交之敬，身事彼親，亦宜加禮。比見北人，甚輕此節，行路相逢，便定昆季；望年觀貌，不擇是非；至有結父為兄，託子為弟者。」（顏氏家訓風操篇）

以上節錄三段，他不僅把何謂個人的風操，加以解釋；而且舉出北齊時士大夫濫結金蘭之義，以及父母忌日的虛僞做作！使人讀了，不禁發爲長歎。他在慕賢第七中說：

「吾生於亂世，長於戎馬，流離播越，聞見已多，所值名賢，未嘗不心醉魂迷向慕之也。人在少年，神情未定，所與款狎，薰漬陶染，言笑舉對，無心於學，潛移暗化，自然似之；何況操履藝能，較明易習者也。是以與善人居，如入芝蘭之室，久而自芳也；與惡人居，如入鮑魚之肆，久而自臭也；墨翟悲於染絲，是之謂矣，君子必慎交遊焉。……世人多蔽，貴耳賤目，重遙輕近，少長周旋，如有賢哲，每相狎侮，不加禮敬；他鄉異縣，微藉風聲，延頸企踵，甚於饑渴；校其長短，覈其精麤，或能彼不能此矣。……昔虞國宮之奇少長於君，君狎之，不納其諫，以至亡國！不可不留心也。」（顏氏家訓慕賢篇）

他在這段裏，說明了慕賢的重要；他又揭穿了世人貴耳賤目，重遙輕近的弊病！更舉出春秋時，虞國賢大夫宮之奇的故事，來加以印證，眞可說是語重心長的了。他又在勉學第八中說：

「夫老莊之書，蓋全眞養性，不肯以物累已也。故藏名柱史，終蹈流沙；匿跡漆園，卒辭楚相！此任縱之徒爾。何晏王弼，祖述元（玄）宗，遞相誇尚，景附草靡；皆以農黃之化，在乎己身；周孔之業，棄之度外！而平叔以黨曹爽見誅，觸死權之網也；輔嗣以多笑人被疾，陷好勝之穽也；山巨源以蓄積取譏，背多藏厚亡之文也；夏侯元（玄）以才望被戮，無支離擁腫之鑒也；荀奉倩喪妻，神傷而卒，非鼓缶之情也；王夷甫悼子，悲不自勝，異東門之達也；嵇叔夜排俗取禍，豈和光同塵之流也；郭子元以傾動專勢，寧後身外己之風也；阮嗣宗沈酒荒迷，乖畏途相誡之譬也；謝幼輿贓賄黜削，違棄其餘魚之旨也；彼諸人者，竝其領袖，元（玄）宗所歸，其餘桎梏塵滓之中，顛仆名利之下者，豈可備言乎？直取其清談雅論，辭鋒理窟，剖元（玄）析微，妙得入神；賓主往復，娛心悅耳，然而濟世成俗，終非急務。洎於梁世，茲風復闡，莊老周易，總謂三元（玄）！武皇簡文，躬自講論；……元帝在江荊間，復所愛習，故置學生，親為教授，廢寢忘食，以夜繼朝，至乃倦劇愁憤，輒以講自釋；吾時頗與末筵，親承音旨，性既頑魯，亦所不好云。」（顏氏家訓勉學篇）

他批評魏正始時期建立老莊玄風清談的領袖何晏王弼，以及嵇康阮籍謝鯤等人，一無是處！並且指斥清談，不能濟世成俗；更坦承自己的「性既頑魯」亦所不好。可見他是如何憎惡這遠離實際人生，從事無爲虛誕追求的清談風氣了！他又在文章第九中說：

「齊世有席毗者，清幹之士，官至行臺尚書，嗤鄙文學。嘲劉逖云：君輩辭藻，譬若朝菌，須臾之翫，非宏才也；豈比吾徒，千丈松樹，常有風霜，不可凋悴矣。劉應之曰：既有寒木，又發春華，何如也？席笑曰：可哉。凡為文章，猶乘騏驥，雖有逸氣，當以銜策制之，勿使流亂軌躅，放意填坑岸也。文章當以理致為心腎，氣調為筋骨，事義為皮膚，華麗為冠冕；今世相承，趨末棄本，率多浮豔！辭勝而理伏；事與才爭，事繁而才損。放逸者，流宕而忘歸；穿鑿者，補綴而不足；時俗如此，安能獨違。但務去泰去甚爾。必有盛才重譽，改革體裁者，實吾所希。」（顏氏家訓文章篇）

從這段的內容看來，他是反對趨末棄本的浮豔文學的；不過他卻以爲自己的才力不足，所以纔希冀有盛才重譽的人，出來改革文學的體裁，以完成他的願望。他又在名實第十中說：

「名之與實，猶形之與影也。德藝周厚，則名必善焉；容色姝麗，則影必美焉。今不脩身，而求令名於世者，猶貌甚惡而責妍影於鏡也。上士忘名，中士立名，下士竊名。忘名者，體道合德　享鬼神之福祐，非所以求名也。立名者，脩身慎行，懼榮觀之不顯，非所以讓名也。竊名者，厚貌深姦，干浮華之虛稱，非所以得名也。人足所履，不過數寸，然而咫尺之途，必顛蹶於崖岸；拱把之梁，每沈溺於川谷者，何哉？為其傍（旁）無餘地故也。君子之立己，抑亦如之；至誠之言，人未能信；至潔之行，物或致疑；皆由言行聲名無餘地也，……吾見世人，清名登而金貝入，信譽顯而然諾虧；不知後之矛戟，毀前之干櫓也。虙子賤云：誠於此者形於彼。人之虛實真偽在乎心，無不見乎跡，但察之未熟爾；一為察之，所鑒巧偽，不如拙誠，承之以羞大矣。……近有大貴，以孝著聲，前後居喪，哀毀踰制，亦足以高於人矣。而嘗於苫塊之中，以巴豆塗臉，遂使成瘡！表哭泣之過。左右童豎，不能掩之，益使外人謂其居處飲食，皆為不信！以一偽喪百誠者，乃貪名不已故也。」（顏氏家訓名實篇）

他在這段文字裏，對名實作了精闢的分析；又從分析轉到世人在名登信顯之後，就不免現出金貝入而然諾虧的醜態來！這些現象的所以形成，都是疏於省察的原故。祇要加以注意，雖是巧偽，也就不如拙誠的了。因為惟有「實至」，纔會「名歸」，若是祇想從「厚貌深姦」下手，來干求浮華的虛譽，那是終於要被戳穿的。

總而言之，他這部書，表面上雖然祇是訓誨顏氏子孫做人處世的作品；但是一經研讀內容，就會發現它是在反對齊梁以來的浮豔文學，以及遠離實際人生的老莊思想！當然，這也正是這部書能夠流傳後世的最大原因了。

現在我們來談一談身歷梁魏周隋四朝的大詩人庾信。信字子山，又號蘭成，河南新野人，是梁代宮體詩人庾肩吾的兒子。不過他的歷事四朝，似乎是情有可原的；根據歷史的記載，當梁元帝承聖三年，他奉命出使西魏，剛剛到達長安，西魏的軍隊，就攻陵了江陵，元帝被殺，梁朝覆亡，從此庾信便被留在西魏。後來陳朝曾要求西魏送還覊留諸臣，僅王克、殷不害等南歸，而庾信、王褒不遣；在庾信看來，不僅是離鄉背井，而且是失節的行爲；所以鬱鬱寡歡，在他的詩賦文章裏，表現出無比的哀傷。就憑這一點，他比那些全無心肝，只知獵取富貴的文人，已經差勝一籌了。因此他的作品，也逐漸的發生了變化；尤其是他的後期創作，大部份是發抒懷念故國的情緒，形成了悲涼遒勁的風格；和他早期的綺豔作風，恰恰相反；這正是所謂情隨事遷的明證，也是他晚年作品最受後人激賞的主因。唐代詩聖杜甫，在詠懷古跡五首之一中，曾經這樣的寫道：

「支離東北風塵際，漂泊西南天地間。三峽樓臺淹日月，五溪衣服共雲山。羯胡事主終無賴，詞客哀時且未還。庾信平生最蕭瑟，暮年詩賦動江關。」（全唐詩杜工部詩集）

由上面這首詩，就可看出杜甫是如何的推崇庾信了。然而譔寫北周史的唐令孤德棻，却在庾信本傳的後段，有如下的記載：

「然則子山之文，發源於宋末，盛行於梁季，其體以淫放為本，其詞以輕險為宗；故能誇目侈於紅紫，蕩心逾於鄭衞；昔楊子雲有言：詩人之賦麗以則，詞人之賦麗以淫，若以庾氏方之，斯又詞賦之罪人也。」（北周書庾信傳）

令狐德棻這段批評，是有欠公平的；而明朝的婁東張溥，却有較爲允當的看法，他在庾開府集題詞裏說：

「史評庾詩綺豔，杜工部又稱其清新老成；此六字者，詩家難兼，子山備之，玉台瓊樓未易幾及；文與孝穆敵體，辭生於情，氣餘於彩，乃其獨優。令孤譔史詆為淫放輕險，詞賦罪人。夫唐人文章，去徐庾最近；窮形寫態，模範是出，而敢於毀侮，殆將諱所自來，先縱尋斧歟。」

上面這段論斷，相信是可以代表後世多數文人的意見的。

關於庾信的賦，多達十餘篇；其中流傳千古，膾炙人口的，有小園、枯樹等篇，然而還不及他的哀江南賦來得眞摯沈痛、哀感動人。由於篇幅所限，所以小園、枯樹等賦，只好略而不談了。

哀江南賦，是庾信以個人的經歷爲經，以時事爲緯，互相穿挿寫成的；它的主旨，在哀悼梁朝的滅亡；以及思鄉的惆悵。所以他在哀江南賦序文裏說：

「昔桓君山之志事，杜元載之平生，並有著書，咸能自序。潘岳之文彩。始述家風；陸機之辭賦，先陳世德。信年始二毛，即逢喪亂，藐是流離，至於暮齒；燕歌遠別，（梁王褒所作，妙盡塞北苦寒之言，梁元帝及諸文士和之，而競為淒切；及江陵為魏師所破，元帝出降，方驗焉；殆所謂氣機所感，遂成讖語矣。）悲不自勝；楚老相逢，泣將何及。畏南山之雨，忽踐秦庭；讓東海之濱，遂餐周粟。（反用伯夷叔齊恥食周粟之典，以誌身事魏周之有虧節義。）下亭漂泊，高橋羈旅；楚歌非取樂之方，魯酒無忘憂之用。追為此賦，聊以記言，不無危苦之辭，惟以悲哀為主。」（庚子山集）

這篇序文，就充滿了羈旅之悲，亡國之痛；也就是他寫哀江南賦的主要意旨了。他又在序文的另一段裏說：

「日暮途窮，人間何世；將軍　去，大樹飄零；壯士不還，寒風蕭瑟；荊璧睨柱，受連城而見欺；載書橫階，捧珠盤而不定。鍾儀君子，入就南冠之囚；季孫行人，留守西河之館。申包胥之頓地，碎之以首；蔡威公之淚盡，加之以血。釣臺移柳，非玉關之可望；華亭鶴唳，豈河橋之可聞。」（同上）

這更表明了他在梁亡之後，被留西魏的悲憤心情，以及他那無可如何的境遇。

哀江南賦雖都知道，是篇血淚織成的歷史性俳賦；於是他從『我之掌庾承周，以世功而爲族；經邦佐漢，用論道而當官』下筆，直寫到『居笠轂而掌兵，出蘭池而典武；論兵於江漢之君，拭玉於西河之主。』全是敍述祖德的源流，後來他父子同在梁朝的東宮任職，以及與元帝論水戰和事魏的親身經歷。接著他寫道：

「於時朝野歡娛，池臺鐘鼓；里為冠蓋，門成鄒魯。」………「五十年中，江表無事；王歙為和親之侯，班超為定遠之使；馬武無預於甲兵。馮唐不論於將帥。」（庾子山集）

這段鋪述武帝在位的四十七年中，干戈偃息，朝野宴安的驕惰情形。

他又寫出了梁武帝溺信佛教，疎於國防的事實，以及侍中朱异主張接納侯景的投降，以致貽梁朝無窮的禍害！他說：

「豈知山嶽闇然，江湖潛沸。漁陽有閭左戍卒，離石有將兵都尉。（暗喻侯景）天子方删詩書、定禮樂，設重雲之講，開士林之學。談刼燼之灰飛，辨常星之夜落。（指武帝佞佛）地平魚齒，城危獸角；臥刁斗於滎陽，絆龍媒於平樂。（指國防疎忽）宰衡以干戈為兒戲，縉紳以清談為廟略；乘漬水以膠船，馭奔駒以朽索。（指朱异納侯景之誤國）小人則將及水火，君子則方成猿鶴；敝箄不能救鹽池之鹹，阿膠不能止黃河之濁。旣而魴魚赬尾。四郊多壘；殿狎江鷗，宮鳴野雉；湛盧去國，艅艎失水；見披髮之伊川，知百年而為戎矣。」（庾子山集）

接著寫的是勤王諸將敗績，臺城陷落後，武帝和簡文帝父子先後被侯景所弒的悲劇；而梁室諸王，復自相殘殺；眞是混亂到了極點。然而否極泰來，元帝在江陵承制，遣王僧辯陳覇先等討伐侯景，卒誅逆賊！這段寫得尤其有聲有色。

「於是西楚霸王，（指梁元帝）劍及繁陽：鏖兵金匱，校戰玉堂；蒼鷹赤雀，鐵軸牙檣；沈白馬而誓衆，負黃龍而渡江；海潮迎艦，江萍送王；戎車屯於石城，戈船掩於淮泗；諸侯則鄭伯前驅，盟主則荀罃暮至；剖巢熏穴，奔魑走魅；埋長狄於駒門，斬蚩尤於中冀；然腹為燈，飲頭為器。」（上四句指討斬侯景）（庾子山集）

他又賡續寫出梁元帝踐祚之後，留戀江陵，不肯還都建業；加上性多猜忌，先後逼殺其兄邵陵王綸，弟武陵王紀；終於被西魏攻陷江陵後，百姓橫遭刼掠，流離失所的慘狀。

「水毒秦涇，山高趙陘；十里五里，長亭短亭；饑隨蟄燕，暗逐流螢；秦中水黑，關上泥青。於是瓦解冰泮，風飛雹散；渾然千里，淄澠一亂；雪暗如沙，冰橫似岸；逢赴洛之陸機，見離家之王粲；莫不聞隴水而掩泣，向關山而長歎。況復君在交河，妾在清波；石望夫而逾遠，山望子而逾多；才人之憶代郡，公主之去清河；栩陽亭有離別之賦，臨江王有愁思之歌。別有飄颻武威，羇旅金微；班超生而望返，溫序死而思歸；李陵之雙鳧永去，蘇武之一雁空飛。」（庾子山集）

他在悼歎梁朝的興衰時說：

「若江陵之中否，乃金陵之禍始；雖借人之外力，實蕭牆之內起；撥亂之主忽焉，中興之宗不祀。」他又說：「用無賴之子弟，舉江東而全棄。」（庚子山集）

最後他說出暮年永滯異域，雖然身受北周公卿的禮遇，位望通顯，但不是他中心所好的；自覺猶是梁故右衞將軍，而以思歸作結。

「日窮於紀，歲將復始，逼迫危慮，憂端暮齒，踐長樂之神皋，望宣平之貴里；渭水貫於天門，驪山迴於地市；暮府大將軍之愛客，丞相平津侯之待士；（指北周冢宰宇文護）見鐘鼎於金張，聞絃歌於許史；豈知灞陵夜獵，猶是故時將軍，咸陽布衣，非獨思歸王子。」（庚子山集）

這篇哀江南賦，長達三千多字；從他本身的世族經歷說起，把有梁一代金陵和江陵的兩大事變，以及事變前後士大夫們清談苟安的風氣，梁室諸王的互相殘殺，人民流離失所的痛苦，全都包括在裏面；進而運用蒼涼的筆調，委曲鋪敘，竟是一氣呵成。它之所以能流傳千古，百讀不厭，自然是由於作者自己身歷的事實，以及他那凌雲的健筆與眞實的感情相結合，纔有這樣的偉大創作。這篇賦不僅在文學上有他的崇高地位，就以歷史的眼光來看，也是具有相當價值的。

庾信的早期詩篇，前面已經說過，由於環境的關係，是屬於綺艷柔靡這一範疇的。如奉和示內人、奉和趙王美人春日和詠舞等篇，就是這一類型的作品。至於後期的創作，那就大異其趣了。現在節錄他的擬詠懷詩五首在後面。

「楚材稱晉用，秦臣卽趙冠。離宮延子產，羈旅接陳完。寓衛非所寓，安齊獨未安。雪泣悲去魯，悽然憶相韓。唯彼窮途慟，知余行路難。」（擬詠懷二十七首之四）（庚子山集）

「惟忠且惟孝，為子復為臣。一朝人事盡，身名不足親。吳起嘗辭魏，韓非遂入秦。壯情已消歇，雄圖不復申。移在華陰下，終為關外人。」（擬詠懷二十七首之五）（庚子山集）

「悲歌度燕水，弭節出陽關。李陵從此去，荊卿不復還。故人形影滅，音書兩俱絕。遙看塞北雲，懸想天山雪。遊子河梁上，應將蘇武別。」（擬詠懷二十七首之十）（庚子山集）

「橫流遘屯慝，上墋結重氛。哭市聞妖獸，頹山起怪雲。綠林多散卒，清波有敗軍。智士今安用，忠臣且未聞。惜無萬金產，東求滄海君。」（擬詠懷二十七首之十三）（庚子山集）

「蕭條亭障遠，淒慘風塵多。關門臨白狄，城影入黃河。秋風別蘇武，寒水送荊軻。誰言氣蓋世，晨起帳中歌。」（詠懷二十七首之二十六）（庚子山集）

這幾首詩裏，充滿了國破家亡後，寄身異域的慘痛悲涼情緒，是值得同情的。他的寄徐陵：

「故人倘思我，及此平生時。莫待山陽路，空聞吹笛悲。」（庚子山集）

寄王琳：

「玉關道路遠，金陵信使疎。獨下千行淚，開君萬里書。」（庾子山集）

送周尚書弘正二首之一

「交河望合浦，玄菟想朱鳶。共此無期別，知應復幾年。」（庾子山集）

更是故人情重，苦憶家鄉，不忍卒讀的作品。

總之，庾信晚年詩賦的成就，誠如杜甫的戲爲六絕之一所說的：「庾信文章老更成，凌雲健筆意縱橫。今人嗤點流傳賦，不覺前賢畏後生。」可說一點也不過份；因爲他的詩，影響唐代的李白杜甫們，都非常的深刻，這是無可否認的事實。

不過我還得加以補充說明的，就是本文爲什麼不談北朝的文學？關於這一點，必須從西晉的末期說起；當懷帝愍帝被擄以後，匈奴、鮮卑、羯、氐、羌這五種外族，先後侵入中原，你爭我奪，使中國的北部，成了五胡的戰場！那時黃河流域各地的世族和士大夫，大部份都隨晉朝南渡，而遷到長江流域去了。留在中原地區的，祇有少數研習經學的智識俗子，既沒有經濟基礎，又缺乏政治地位；在生命不安全，生活沒保障的情形下，就不能不忍氣吞聲與胡人交往，以求苟安於一時。不過五胡在沒有入侵中原以前，就已經多年雜居在我國的邊疆各郡縣，漢化已有相當的程度；例如胡人君長中的劉淵父子，都具有學問的基礎，劉淵曾師事上黨崔游，學習毛詩，京氏易和馬氏尚書。石勒徙三百戶於襄國，置公卿領之；郡設博士祭酒兩人，弟子百五十人，又定試經的制度，軍中並設有君子營。慕容廆也大興文教，以劉讚爲東庠祭酒，世子皝率公卿大夫胄子束脩受業。苻堅的前秦，文教更盛，諸經皆置博士；王猛死後，特詔崇儒，並禁老莊圖讖之學。姚興的後秦，有耆儒姜龕、淳于岐等在長安教學，諸生中有自遠道而至的，興勅關尉勿稽其出入。北魏在跖拔珪時代，就立了太學，設置五經博士，生員多到三千人。到了北魏孝文帝跖拔宏的十七年，由平城遷都到洛陽，以政治力量來加速漢化，並且禁穿胡服，摒棄北語，胡姓一律改爲漢姓；又獎勵漢胡通婚，興辦太學，鼓勵儒家思想，重用知識份子，就是胡人的貴族，也大量接受了漢族的文明；一言以蔽之，就是胡人的全部漢化。一直到北齊和北周，都是這樣。但北朝的文士卻沒有沾染到南朝老佛玄學的清談惡習。清儒趙翼說：

「邵陵王綸講大品經，使馬樞講維摩，老子，同日發題，道俗聽者二千人，王謂衆曰：馬學士論義，必使屈伏，不得空具主客，於是各起辯端，樞轉變無窮，論者咸服。（樞傳）則梁時五經之外，仍不廢老莊，且又增佛義，晉人虛僞之習，依然未改，且又甚焉。風氣所趨，積重難返，直至隋平陳之後，始掃除之。蓋關陝樸厚，本無此風，魏周以來，初未漸染，陳人之遷於長安者，又已衰墮不振，故不禁而自消也。」（廿二史劄記六朝清談之習）

由此可知，北朝的魏齊周三代，根本就沒有玄學清談的影子，也沒有被南朝所感染。自然不僅士大夫們沒有遠離實際人生，從事無爲虛誕的追求，以及缺乏倫理道德的觀念與責任感；而且在文學方面，也絕少有浮豔淫靡的筆調；這就是本文不談北朝文學的原故。因此前段所寫由梁入魏或奔北齊的顏之推和庾信這兩位文學家，就不能不把他們擺在梁代作者的後面了。

六、陳代的萎靡文學

從魏到陳，這三、四百年來，士大夫們由於崇信老佛的玄空，於是養成了浮華淫靡、不負責任的風氣；試看魏晉南宋齊梁陳的六個朝代中，除了嵇康、阮籍、司馬孚、劉琨、陶潛少數人而外，還有誰表現過一點做人的氣節？我們再由魏晉宋齊梁這幾個朝代的文學遞嬗實況來看，雖然在晉末宋初的一段時期，似乎是把「詩必柱下之旨歸，賦乃漆園之義疏」的玄虛風氣，暫時擱置一邊了；但代之而起的，卻仍是與實際人生相隔絕的唯美山水文學；至於玄談的幽靈，不僅沒有根絕，而且在文學的領域裏，更滲進了新型的佛家思想；因而逐漸形成了齊梁兩朝綺豔頹廢的色情文學。而陳氏篡梁之後，無論在政治、經濟、學術思想及社會風氣（包括世族、民生、宗教等，而且陳武帝就是一位佛徒）的任何一方面，都只是梁朝的延續；尤其是文學上的表現，顯得更綺麗，更萎靡了。自從梁簡文帝倡導淫侈頹廢的宮體文學以後，作者如徐摛、庾肩吾、何遜、江淹等，群起效法，可稱盛極一時。而陳代的江總、孔範、陳後主等人的作品，更進一步，變成了娼妓狎客一流的東西，如後主的玉樹後庭花、烏棲曲、三婦豔詞、東飛伯勞歌，江總的宛轉歌、閨怨篇、東飛伯勞歌，在風格和意境上，都是輕浮肉感已達極點，眞可謂亡國之音。也就是陳代的文學特徵了，總之，這種淫侈頹廢的肉感文學，是受民間歌謠的影響而形成的。例如子夜歌、子夜四時歌等兩百多篇詩歌中，全是描寫社會上的男女戀愛相思以及幽會的情感，甚至有露骨的肉慾描寫；很足以反映社會風氣，是如何的敗壞。這種動人的情詩，！一旦和文士們接近，便都喜歡它的清新豔麗；再加上貴族、文士們荒淫的生活做基礎，於是群起製作這種新詩，而蔚成風氣。所幸陳氏篡梁的同時，北周也正在篡魏，纔能免於強鄰的南侵，而苟安一時；否則陳朝連三十三年的短暫國祚，都是維持不了的。這便是陳朝士大夫們的特有風氣。

關於有陳一代，最著名的作者，除了本文前篇已經列入梁朝的徐陵以外，就要算江總了。

「江總字總持，濟南考城人也。……總七歲而孤，依於外氏，幼聰敏，有至性，舅平光侯蕭勱，名重當時，特所鍾愛，嘗謂總曰：爾操行殊異，神采英拔，後之知名，當出吾右。及長，篤學有辭采，家傳賜書千卷，總日夜尋讀，未嘗輟手；年十八，解褐宣惠武陵王府法曹參軍。……天嘉四年，以中書侍郎徵還朝，直侍中省，累遷司徒右長史，掌東宮管記，給事黃門侍郎，領南徐州大中正，授太子中庶子，……至德四年，加宣惠將軍，量置佐史；尋授尚書令，給鼓吹一部，加扶，餘並如故；禎明二年，進號中權將軍；京城陷，入隋，為上開府；開皇十四年。卒於江都，時年七十六。總行義寬和溫裕；好學、能屬文，於五言七言尤善，然傷於浮豔，故為後主所愛幸，多有側篇，好事者相傳諷玩，于今不絕。後主之世，總當權宰，不持事務，但日與後主遊宴後庭，共陳暄孔範王瑗等十餘人，當時謂之狎客，繇是國政日頹，綱紀不立，有言之者，輒以罪斥之，君臣昏亂，以至於滅。」（陳書江總傳）

江總的人格和他的動定云為，從本傳可以看出一個大概；尤其是他由梁入陳，更是毫無氣節！而身任陳朝的首相，竟在陳亡之後，又做了大隋的上開府，眞是不知羞恥爲何物的了！至於他的詩歌，可說是色情文學的代表，現在選錄幾首，以例其餘。

和衡陽殿下高樓看妓

「起樓侵碧漢，初日照紅妝。絃心豔卓女，曲誤動周郎。並歌時轉黛，息舞暫分香。掛纓銀燭下，莫笑玉釵長。」（漢魏六朝百三家集）

賦得空閨怨

「蕩妻怨獨守，盧姬傷獨居。瑟上調絃落，機中織素餘。自羞淚無燥，翻覺夢成虛。復嗟長信閣，寂寂往來疎。」（漢魏六朝百三家集）

東飛伯勞歌

「南飛烏鵲北飛鴻，弄玉蘭香時會同。誰家可憐出牕牖，春心百媚勝楊柳。銀牀金屋掛流蘇，寶鏡玉釵橫珊湖。時年二八新紅臉。宜笑宜歌羞更歛。風花一去杳不歸，只為無雙惜舞衣。」（漢魏六朝百三家集）

宛轉歌

「七夕天河白露明，八月濤水秋風驚。樓中恒聞哀響曲，塘上復有辛苦行。不解何意悲秋風，直置無秋悲自生。不怨階前促織鳴，偏愁別路擣衣聲。別燕差池自有返，離蟬寂寞詎含情。雲聚懷情四望臺，月冷相思九重覽。欲題芍藥詩不成，來採芙蓉花已散。金樽送曲韓娥起，玉柱調絃楚妃歎。翠眉結恨不復開，寶鬢迎秋度前亂。湘妃拭淚灑貞筠，荚藥浣衣何處人。步步香飛金薄履，盈盈扇掩珊瑚脣。已言採桑期陌上，復能解珮就江濱。競入華堂要花枕，爭開羽帳奉華茵。不惜獨眠前下釣，欲許便作後來薪。後來瞑瞑同玉牀，可憐顏色無比方。誰能巧笑特窺井，乍取新聲學繞梁。宿處留嬌墮玉珥，鏡前含笑弄明璫，蕃薤摘心心不盡，茱萸折葉葉更芳。已聞能歌洞簫賦，詎是故愛邯鄲倡。」（漢魏六朝百三家集）

閨怨篇

「寂寂青樓大道邊，紛紛白雪綺窗前。池上鴛鴦不獨自，帳中蘇合還空然。屛風有意障明

月，燈火無情照獨眠。遼西水凍春應少，薊北鴻來路幾千。願君關山及早度，念妾桃李片時妍。」（漢魏六朝百三家集）

上面這幾首詩，全是描寫女人的作品，句中充滿了卓女（文君）、分香（銅雀臺妓）、蕩妻、弄玉、蘭香（仙女）、邯鄲倡和青樓等典故，似乎女人到了他的眼裏，不是私奔婦，便是娼妓或浪漫的女仙；眞是極盡侮辱女性的能事了。以這樣思想卑污，行爲浪漫的人，來執掌國政，社會風氣怎能不敗壞，綱紀怎能不廢弛，而陳室又怎能不滅亡呢？明張溥在江總持集題詞裏批評他說：

「後主狎客江總持、居首國亡，主辱竟逃明刑，開府隋朝，眉壽無恙；春秋惡佞人，有厚福若是者哉？自敍官陳以來，流俗怨憎，群小威福，摧黜絲命。識者笑其言迹乖謬。及考之史書，後庭荒宴，罪薄五鬼；自矜澹漠，豈猶任質之談耶？六宮謝章，美人應令，豔歌側篇，傳誦禁庭；餘則山寺穹碑，法師龕石，標記禪悅；寂不聞有廟堂典議關其筆札，所謂韋彪樞機，李固斗極，其晏居則何如也？序云：未嘗逢迎一物，干預一事；又云：暮齒官陳，與攝山布上人遊欵，深悟苦空，更復練戒。文人高致，或足貶俗，其如社稷何？後主卽不道，非有商辛之惡也，總持卽不肖，罪不若飛廉惡來也；文昌政本，與時低昂；朝宴夜遊，太康無儆，卽其恬澹亡國有餘矣。齊梁以來，華虛成風，士大夫輕君臣而工文墨，高談法王，脫略名節；雖足驚頭，適為朝秦暮楚者地耳！梁有江總，隋有裴矩，後唐有馮道，三人皆醮婦所羞也。」（漢魏六朝百三家集）

這些批評，眞是最恰當，最痛快不過的了。

至於與江總同充狎客的陳暄孔範王瑳們，漢魏六朝百三家集裏面，沒有採錄他們的作品，一時也找不到確切的材料，只好暫時擱置，將來如有機緣，再行補寫吧。

最後要談的，便是肉感文學大家，風流皇帝陳後主了。後主諱叔寶，字元秀，小字黃奴，是陳高宗的嫡長子。雖然陳書他的本紀後段，說他『昔在儲宮，早標令德，及南面繼業，寔允天人之望矣。至於禮樂刑政，咸遵故典；加以深弘六藝，廣闢四門；是以待詔之徒，爭趨金馬；稽古之秀，雲集石渠；且梯山航海，朝頁者往往歲至矣』的門面話，但是對於他那荒淫侈靡的腐化生活，却也有具體的刻畫。後主本紀又說：

「陳後主自居迎春閣，張貴妃（麗華）居結綺閣，龔孔二貴嬪居望仙閣，並複道交相往來，又有王李二美人，張薛二淑媛、袁昭儀、何婕妤、江修容等七人，並有寵，遞代以遊其上；以宮人有文學者袁大捨等為女學士；後主每引賓客，對貴妃等遊宴，則使諸貴人及女學士與狎客共賦新詩，互相贈答，採其尤豔麗者，以為曲詞，被以新聲。選宮女有容色者，以千百數，令習而歌之。分部迭進，持以相樂；其曲有玉樹後庭花、臨春樂等，大指所

歸，皆美張貴妃孔貴嬪之容色也。」（陳書後主本紀）

從這一段文字看來，後主的後宮，簡直變成了一所妓院！君臣相聚淫樂，眞是到了不堪的地步。本紀又說：

「後主荒於酒色，不卹政事。常使張貴妃孔貴嬪等八人夾坐，江總孔範等十人預宴，號曰狎客。先令八婦人擘采箋，製五言詩，十客一時繼和，遲則罰酒；君臣酣宴，從夕達旦。」（陳書後主本紀）

可見後主的生活，是如何的糜爛，行爲是如何的荒謬。這樣的情形，自然非要弄得國亡身死不可！否則眞是天大的怪事了。

後主的詩歌，大部份是肉感香豔的色情作品，例如他的舞媚娘三首，便是這種風格。

舞媚娘三首

「樓上多豔嬌，當牕并三五，爭弄遊春陌，相邀開繡戶。轉態結紅裾，含嬌拾翠羽。留賓乍拂絃，託意時移柱。」（漢魏六朝百三家集）

『淇水變新臺，春壚當夏開。玉面含羞出，金鞍排夜來。」（漢魏六朝百三家集）

「春日好風光，尋歡向市傍。轉身移珮響，牽袖起衣香。」（漢魏六朝百三家集）

他的三婦豔詞十一首，全把女人看成了娼妓，現在節錄其五至十一首在後面：

「大婦上高樓，中婦蕩蓮舟，小婦獨無事，撥帳掩嬌羞，丈夫應自解，更深難道留。」（漢魏六朝百三家集）

「大婦初調筝，中婦飲歌聲，小婦春粧罷，弄月當宵楹，季子時將意，相看不用爭。」（漢魏六朝百三家集）

「大婦愛恆偏，中婦意常堅，小婦獨嬌笑，新來華燭前，新來誠可惑，為許得新憐。」（漢魏六朝百三家集）

「大婦酌金杯，中婦照粧臺，小婦偏妖冶，下砌折新梅，衆中何假問，人今最後來。」（漢魏六朝百三家集）

「大婦怨空閨，中婦夜偷啼，小婦獨含笑，正柱作烏棲，河低帳未掩，夜夜畫眉齊。」（漢魏六朝百三家集）

「大婦正當壚，中婦裁羅襦，小婦獨無事，淇上待吳姝，鳥歸花復落，欲去却踟躕。」（漢魏六朝百三家集）

「大婦年十五，中婦當春戶，小婦正橫陳，含嬌情未吐，所愁曉漏催，不恨燈銷炷。」（漢魏六朝百三家集）

尤其是他的玉樹後庭花，更是亡國之音的代表作。

玉樹後庭花

「麗宇芳林對高閣，新莊豔質本傾城。映戶凝嬌乍不進，出帷含態笑相迎。妖姬臉似花含露，玉樹流光照後庭。」（漢魏六朝百三家集）

其他的作品，如烏棲曲、採蓮曲、東飛伯勞歌，無非是描寫女人的輕薄篇章，似乎沒有再加摘錄的必要了。

明張溥在陳後主集題詞裏說：

「使後主生當太平，次為諸王，步竟陵之文藻，賤臨川之黷貨，開館讀書，不失令譽。即假例通侯世閥，魚弘羊侃數輩，亦掃門不及；乃繫以大寶，困之萬幾，豈所堪乎？鶴不能亡國，而國君不可好鶴，後主蓋與衞懿公同類而悲矣。』他又說：

『後主詞非絕淫，亡且忽焉！哀而不起者，在聲音之間乎？非獨篇章已也，詔命書銘，秋冬氣多，即作者亦不自知日暮矣。』（漢魏六朝百三家集）

上面這兩段話，雖然說得不無理由，却替陳後主開脫了荒淫昏聵的大罪名。因為張溥認定後主不做皇帝，即使是空頭的王侯，只要開館讀書，就可以不失令譽。殊不知荒淫昏聵的人。縱令再降一層做士大夫，甚至做平民，也難逃敗家喪身的災禍。至於他批評後主的詩文，由於具有秋冬的暮氣，纔是眞正的亡國因素，這是非常正確的；誰都知道，詩文是一個人志節的反映，何況後主身爲國家的元首，又是當時文壇的領袖，不僅不能振衰起弊，移風易俗；反而放蕩淫侈，不親政務，卒至魚爛土崩，身死國滅！衡情度理，後主是不能毫無責任的啊！

七、結　論

魏晉六朝的國祚不永，從表面上看來，是由於道、佛兩家的思想，衍為玄學清談，長期取代了儒家指導、支配人群的力量！使當時的士大夫們，無論在思想上、行為上、乃至文學上，都遠離了實際人生，從事於無為虛誕的追求；因而缺乏明禮義、知廉恥的倫理道德觀念與責任感！進而導致普遍淫靡墮落的風氣。當然，這種風氣的形成，不是一蹴可幾的。於是追根究底上溯到兩漢，却發現經學已被陰陽五行的數術所滲透！以及經師章句的分文析字，煩言碎辭，解說一經多到百餘萬言！使學者到了疲老還不能學一藝（經）的地步。因此纔有東漢王充在論衡上『退孔孟而進黃老，輕聞見而重心知』的理論出現；開創了魏晉玄學的先河。另一方面，誰都知道，東漢自和帝時起，就形成了外戚與宦官互相爭權的局面！一直到靈帝的末年，不僅演變出黨錮事件，而且也促成了黃巾的叛亂！最後是東漢的政權與外戚宦官，同歸於盡！換來了群雄割劇，互相呑併的長期戰爭；因之人們（包括士大夫）的生命，大有朝不保夕之概！在這種狀況下，老莊思想，自然就大行其道了。上列這些事實，無可否認，是有其理由的。不過，魏晉六朝國祚不長的致命傷，並不是上列各點。何以見得呢？我們必須承認，無論是政治的、軍事的、經濟的、文化的任何事件，如果最高領導者很賢明的話，就是國家處於極動亂、極窘迫、極拂逆的態勢下，也能夠慢慢地撥亂反正，轉危爲安！這纔是成功的要訣；相反的，就會一敗塗地了。就拿兩漢的經學來說，無論是今文經或古文經，經的本身至少對於個人的修養，是有一套的，其所以受人指摘，是傳經的經師在解釋經文時，分文析字，煩言碎辭，以及採用陰陽五行的災異，始終五德的迷信說法；與經的本身，是毫無關係的。尤其是能夠說明上面這一點的，就是西漢季年，以經師居相位的匡衡、張禹、孔光、馬宮等，對於國家的危亡，却無所匡救。到了光武中興以後，取士一定要取經明行修的人，而且褒崇節義；所以東漢以經師登上三公（卽相位）的袁安、楊震、李固、陳蕃等人，都能守正不阿，在艱危的環境中，維持朝廷的綱紀，可說是垂範後世的了！拿西漢的匡、張、孔、馬一比，眞有著薰蕕之別。這不正是說明了經師本身修爲的不同，以及光武、章、明諸帝領導有方愼選公卿大夫的成果嗎？又如東漢的季世，假設沒有保養奸回過於骨肉，殄滅忠良甚於寇讎的桓、靈二帝，又怎會弄得王室蕩覆，宗廟丘墟呢？至於魏晉的玄學清談，雖有王充『退孔孟而進黃老，輕聞見而重心知』的理論在前，如果沒有魏王曹操父子毀方敗常、崇慕無爲的三令四詔，就可能不會產生正始時期祖述老莊的清談風氣。再如南朝宋、齊、梁、陳的佛敎、假如沒有篤信佛法的宋明帝、齊明帝、梁武帝、陳武帝加以竭力倡導，又怎能興盛起來呢？尤其是道、佛兩家思想所推衍而成的玄學清談，歷經了魏晉六朝的遞嬗，而不能稍戢其風！可是到了隋文帝平陳之後，却能不禁自絕。就可以看出它的癥結所在了。清季曾文正公國藩在原才篇裏說

「風俗之厚薄奚自乎？自乎一二人之心之所嚮而已。民之生，庸弱者戢戢皆是也；有一二賢者，則衆人君之而受命焉；尤智者，所君尤衆焉。此一二人者之心向義，則衆人與之赴義；一二人者之心向利，則衆人與之赴利。衆之所趨勢之所歸，雖有大力，莫之敢逆。故曰：撓萬物者莫疾乎風，風俗之於人心，始乎微而終乎不可禦者也。」（求闕齋文集）

這段話深刻地道出了國家、民族領導者的重要性。同時對於魏晉六朝在道、佛思想孕育下的萎靡文學和那淫侈的士大夫風氣，所以能夠流傳三、四百年，而導致國家一再的破滅，也有了它的結論：那就是由於魏晉六朝最高階層者的本身修爲不夠或錯誤，不能防患於未然，以致在思想的領導上，形成徹底失敗的緣故。

參考書目

1. 明心篇　學生書局出版
2. 長慶集　啓明書局出版
3. 錢穆國學概論　商務印書館出版
4. 漢書　新陸書局印行
5. 經學歷史　河洛圖書出版社出版
6. 先秦兩漢之陰陽五行學說　維新書局印行
7. 桓譚新論　臺北書局出版
8. 全三國文　商務印書館出版
9. 廿二史劄記　世界書局出版
10. 資治通鑑　明倫出版社出版
11. 魏武帝集　啓明書局出版
12. 日知錄　明倫出版社出版
13. 魏文帝集　啓明書局出版
14. 曹子建集　啓明書局出版
15. 晉書　開明書店出版
16. 魏晉玄學　私立東海大學出版
17. 世說新語　明倫出版社出版
18. 晉紀總論　臺北書局出版
19. 中國通史　大中國圖書公司出版
20. 中國文學發達史　中華書局出版
21. 章太炎國學概論　五洲出版社出版

22. 漢魏六朝百三家集　商務印書館出版
23. 詩品序　明倫出版社出版
24. 文館詞林　臺北書局出版
25. 陶淵明集　啓明書局出版
26. 宋書（南朝）　開明書店出版
27. 文心雕龍　明倫出版社出版
28. 南史　開明書店出版
29. 廣弘明集　鼎文書局出版
30. 南齊書　開明書店出版
31. （杜工部詩集）全唐詩　明倫出版社出版
32. 北周書　開明書店出版
33. 庾子山集　啓明書店出版
34. 北齊書　開明書店出版
35. 顏氏家訓　世界書局出版
36. 漁洋詩話　商務印書館出版
37. 陳書　開明書店出版
38. 文心雕龍淸黃叔琳輯注（附載紀昀評本）　掃葉山房石印本
39. 求闕齋文集　商務印書館出版